Heinrich von Maltzan

Das Grab der Christin

Eine Legende

Heinrich von Maltzan

Das Grab der Christin
Eine Legende

ISBN/EAN: 9783743366077

Hergestellt in Europa, USA, Kanada, Australien, Japan

Cover: Foto ©ninafisch / pixelio.de

Manufactured and distributed by brebook publishing software (www.brebook.com)

Heinrich von Maltzan

Das Grab der Christin

Das
Grab der Christin.

Eine Legende

von

Heinrich Freiherr von Maltzan.

Leipzig, 1865.
Verlag der Dürr'schen Buchhandlung.

Notiz über das Grab der Christin.

Nur sehr wenige derjenigen, welche dieß Büchlein in die Hand nehmen, haben wohl eine Ahnung davon, was unter dem Namen, welchen sein Titelblatt trägt, gemeint sei. Da das Denkmal, welches man das „Grab der Christin" nennt, bis jetzt in Europa nahezu unbekannt geblieben ist, während seine Schwestermonumente in Aegypten sich doch allgemeiner Berühmtheit erfreuen, so sei es dem Verfasser gestattet, hier in einer kurzen Notiz auseinanderzusetzen, was denn eigentlich dieser Name, das „Grab der Christin", welcher Manchem vielleicht geheimnißvoll klingen möchte, bedeuten soll.

Das sogenannte Grab der Christin, von den Arabern Kubb-er-Rumija genannt, dessen Abbildung das Titelbild bietet, und das den Anknüpfungspunkt dieser Legende bildet, ist eines der kolossalsten Denkmäler des Alterthums in Algerien, von dessen Hauptstadt es nur fünf deutsche Meilen westlich, in der Nähe des Colonistendorfes Marengo, unweit der römischen Ruinenstadt Tipasa Mauritaniae, liegt. Seine Form scheint ursprünglich die einer regelmäßigen Pyramide gewesen zu sein, welche jedoch von den altägyptischen Mustern dieses Baustyls sich dadurch unterschied, daß sie auf einer vieleckigen, nach einigen auf einer zwölfeckigen Basis von beträchtlicher Höhe ruhte, die mit Säulen, Pilastern, Scheinpforten und andern architektonischen Verzierungen ausgestattet war. Die äußere Bekleidung des Denkmals ist freilich im Laufe der Zeiten theils eingestürzt, theils zerstört worden, und zwar durch die Versuche mehrerer Herrscher von Algier, einen Eingang in das Innere zu entdecken oder bahnen zu lassen, um einen vom Volksglauben hierher verlegten, überaus reichen Schatz zu heben. Diese Versuche mißlangen stets, man entdeckte nicht nur keinen Eingang, sondern blieb auch darüber im Unklaren, auf welcher Seite man den wahren Eingang zu suchen habe. Das Einzige, was erreicht wurde, war, daß man zur Gewißheit gelangte, daß die drei Thore des Denkmals keine Thore, sondern nur Scheinpforten seien. Durch diesen Vandalismus ist die regelmäßige Form der Pyramide verloren gegangen, indem durch unregelmäßige Anhäufungen hinabgeworfener Steine, theils auf der Pyramide selbst, theils an ihrem Fuße, ein Chaos geschaffen wurde, welches den Eindruck, den dieses Denkmal vielleicht einst hervorzubringen im Stande war, jetzt nicht mehr gut beurtheilen läßt. Dennoch sind diese Zerstörungen nicht so bedeutend, um nicht zu gestatten, daß das Monument, aus einer gewissen Ferne gesehen, noch immer der Form einer Pyramide ähnlich sieht.

Das Grab der Christin hat eine Höhe von 126 Fuß, der Durchmesser seiner bleieckigen Basis beträgt 180 Fuß. Nach Berbrugger, einem französischen Gelehrten, welcher im Auftrag seiner Regierung das Monument erforschte, freilich auch nicht den Eingang zu demselben entdeckte, zeigt die Ruine Spuren von zwei verschiedenen architektonischen Bekleidungen, deren früheste vielleicht aus der Zeit der ältesten Könige dieses Theils von Numidien (der Massäsylier), deren spätere aus dem Zeitalter König Juba des Zweiten von Mauritanien stammen möchte, welcher Fürst in dem nahen Julia Cäsarea seine Residenz hatte. Von allen alten Autoren, welche über Nordwestafrika schrieben, ist Pomponius Maela (De situ orbis Libr. I. Cap. VI.) der einzige, welcher dieses Denkmals erwähnt, das er Monumentum oder Monimentum commune reglae gentis (die gemeinsame Grabstätte der Königsfamilie) nennt. Welche Königsfamilie jedoch in dieser Grabpyramide ihre ewige Ruhestätte gefunden hat, das ist eine Frage, die bis jetzt noch nicht mit Bestimmtheit beantwortet wurde.

Jedenfalls steht fest, daß das Kubb-er-Rumija viel älteren Ursprungs ist, als das Eindringen des Christenthumes in Nordwestafrika. Wie kommt nun also dieses Denkmal zu dem Namen: „Das Grab der Christin"? Hievan ist lediglich eine im Volksmunde vergangene Entstellung der ursprünglich phönicischen und später arabisirten Worte: „Kubb-er-Rumija", oder wie sie in ihrer ersten Form gelautet haben mögen, „Kubb-er-Rum", schuld. In der phönicischen Sprache, welche die Numidier der Küste von den Karthagern erlernt hatten, bedeutet „Kubb" ebenso wie im Arabischen: „die Grabstätte", und „Rum" heißt „königlich", also hat Pomponius Mala nur den phönicischen Namen übersetzt, wenn er von einem Monumentum regiae gentis spricht. Nun haben die Araber diesen phönicischen Namen in ihrem sprachverwandten Idiom zwar im Ganzen beibehalten; aber da das Wort „Rum" in der Bedeutung „königlich" in ihrer Sprache ungewöhnlich ist, und die Worte „Rumi" und „Rumija", welche „Christ" und „Christin" bedeuten, ihnen sehr geläufig sind, so ist nicht zu wundern, daß aus „Rum" mit der Zeit „Rumija" ward. Ebensogut hätte „Rumi" daraus werden können, aber, da die Sage dieses Denkmal zu einem Aufenthalt von Gespenstern machte und fast alle Gespenster bei den Arabern als weiblich gedacht werden, so gab der Aberglaube dem Wort „Rumija" den Vorzug und so entstand der Name des „Grabes der Christin", dessen heutige Form jedenfalls schon sehr alt ist, denn dieß Denkmal bildet schon seit Jahrhunderten den Kernpunkt zahlreicher Sagen, welche alle die fabelhafte Christin, die hier begraben sein soll, zum Gegenstande haben.

Um diese mythische Christin hat sich ein dichter Legendenkranz gesponnen. Einige behaupten, sie sei die Tochter des Grafen Julian gewesen, jenes hispanogothischen Häuptlings, welcher die Araber nach Spanien rief, um sich dadurch an König Roderich dafür zu rächen, daß dieser seiner Tochter die Ehre geraubt hatte. Andere wollen in ihr die Tochter des Tscherdscher oder Gregorius, des letzten byzantinischen Statthalters von Afrika, erblicken, die in arabischer Sklaverei endete. Eine dritte Sage macht sie zu einer Christensklavin voll wunderbarer Schönheit, Lieblingsgattin eines Königs von Tlemsen oder Talamsen (der mittelalterlichen Hauptstadt des heutigen Algeriens), welche die besondere Vergünstigung genossen hätte, ihrem Glauben treu bleiben zu dürfen, was sonst wohl zwar bei Türken häufig sein mag, bei den Arabern des Westens aber eine große Ausnahme ist.

Diese letztere Sage hat der Verfasser zum Vorwurf genommen und darauf seine Legende aufgebaut, die übrigens weit entfernt davon ist, eine rein arabische Legende zu sein. Ueberhaupt sind die meisten arabischen Legenden über das Grab der Christin nicht aufgezeichnet, ja sie haben, selbst im Volksmunde, nicht einmal eine bestimmte Form angenommen, sondern schwimmen durchaus im Nebelhaften, indem jeder Erzähler nach Belieben hier etwas wegläßt und dort aus seinem eigenen Kopfe Zusätze macht. Bei der unbestimmten Form dieser Sage mag es wohl einem Legendenschreiber gestattet sein, zu derselben das seinige hinzuzufügen, und wenn seine Zusätze auch nicht immer im orientalischen Geiste gefaßt sein mögen, so sind sie eben auch nicht für Orientalen gemacht worden.

Inhalt.

	Seite
I.	3
II.	16
III.	44
IV.	53
V.	62
VI.	66
VII.	81
VIII.	84
IX.	94
X.	110
XI.	134
XII.	170
XIII.	186
XIV.	192
XV.	196
XVI.	204
XVII.	212
XVIII.	216
XIX.	234

Google

Das Grab der Christin.

I.

Das Grab der Christin liegt am Strande
Von Afrika auf öder Haide,
Die weit sich, wie die Wüste, dehnt
Im düstern, sonnverbrannten Kleide.

Groß, unermeßlich scheint die Haide;
Dort gränzt das Meer an ihren Sand,
Setzt fort die Unermeßlichkeit:
Es schweift des Menschen Blick vom Strand

Hinüber zu den fernsten Wogen,
Doch scheint ohn' Ende ihm das Meer,
Des Aars Blick schweift noch weiter, doch
Unendlich sieht die See auch er.

Dort ihre grauen Trümmerhaufen
Aus öder Stepp' erhoben hat,
Am Saum der Haide, Tipasa,
Der Märtyrer und Heil'gen Stadt.

Es tönt des Schakals heis'res Bellen
Nun durch der Straßen Einsamkeit,
Wo einst des Höchsten heil'ge Zeugen
Anstimmten Hymnen gottgeweiht.

Gen Osten eine Hügelkette
Sich streckt, umstrahlt vom Abendschein,
Auf ihrem Rücken stehen Zelte,
Beduinenzelte schwarz und klein.

Arab'sche Rosse wiehern laut,
Beduinenmädchen feiern Tänze,
Es glüht der Jüngling, wie er's sieht,
Und junge Frauen winden Kränze.

Auf ihrem Antlitz im Gebet
Die Greise liegen, weißumhüllt,
Der Knabe lauscht des Korans Worten,
Der Männer Psalm die Luft erfüllt.

Gehüllt in heil'ge Sabbathsstille
Ist die Natur und Jeder preist
Die Güte Allah's, die den Menschen
Sich ewig alt und jung erweist.

Im Süd' der Haide wiegt der See
Halula seine trübe Fluth,
Die stammt, so kündet uns die Sage,
Aus eines Ungethümes Blut.

Wo nun der See, ein blühend Thal
Lag einst; doch haust in seinem Grund
Ein böser Drache. Der Bewohner
Schon viel' verschlang des Unthiers Schlund.

Umsonst zum Kampf hinausgezogen
Mit jenem Ungethüme war
Schon mancher Jüngling, er erlag
Des Drachens Zauber wunderbar.

Denn jenem Drachen war's gegeben,
Zu wechseln zaub'risch die Gestalt,
Und kam ein Jüngling zu bekämpfen
Ihn mit des Schwertes Allgewalt,

So wechselt schnell die Form der Unhold:
Der Jüngling sieht ein Mädchen schön
Ganz plötzlich, voller Jugendreizes,
Statt jenem Unthier vor sich stehn;

Ihn bannen zaub'rische Gewalten,
Er naht mit offnem Arm dem Feind,
Voll Sehnsucht wähnt er süße Liebe,
Da trifft der Tod ihn unvermeint.

Indeß, trotzdem daß Viele schon
Dem Ungethüm zum Opfer sanken,
Doch waren Neue stets bereit,
Erfüllt von krieg'rischen Gedanken.

Sie trauten ihrer eignen Stärke,
Drum fielen sie: nur Gottes Gnade
Den Streitern kann die Kraft verleihn
Zu dem verhängnißvollen Pfade.

Wer seiner eignen Kraft vertrauet,
Der rechnet falsch: ein Jüngling kam
Mit schwachem Arm und zarten Händen,
Doch Gottes Schutz er mit sich nahm.

Eh' er zum Drachenkampfe hinzog,
Kehrt' er bei einem Heil'gen ein,
Und ließ sein Haupt und seine Waffen
Von diesem frommen Siedler weih'n.

Nun zog er fort zum grausen Streite;
Und wie der Drache ihn erblickt,
Schnell wechselt er die Form, erscheint
Als Mädchen hold, doch diesmal glückt

Ihm nicht der Wechsel der Gestalt:
Geweihet war des Jünglings Blick,
Er sieht des Unholds wahres Wesen
Und treibt den Drachen kühn zurück:

Sein Schwert, gesegnet vom Propheten,
Dringt tief ein in des Thieres Brust.
Der Drache stirbt: den Jüngling preist
Der ganze Stamm in Siegeslust.

Doch sieh! das Blut will sich nicht stillen,
Das fließet aus des Drachen Wunde,
Es rinnet unaufhaltsam fort,
Und wogt und wallet in der Runde.

Schon hat es einen See gebildet,
Schon droht's die Eb'ne zu verschlingen,
Als, jene Zauberkraft zu hemmen,
Zum Ufer sie den Siedler bringen.

Der Heil'ge hemmt den trüben Strom,
Das zauberische Drachenblut,
Er dämmt den See ein, der noch heute
Hier schaukelt seine trübe Fluth. —

Gen Westen gränzet an die Haide,
In der das Grab der Christin ruht,
Ein Wald, ein Dickicht voller Schluchten,
D'rin haust der Schlangen gift'ge Brut,

Da zischt die Otter und die Natter,
Droht Untergang dem Erdensohn;
Auch schleichet dort der Thiere König,
Verlangend blut'gen Raubes Lohn;

Der Tiger fletscht die scharfen Zähne,
Der Leopard zeigt blut'gen Mund,
Und die Hyäne heult so gräßlich,
Der Panther öffnet gier'gen Schlund.

Ein Höllenthal ist's, ausersehen
Für Schrecken und für Qualen nur,
Zum Gegensatz der sel'gen Ruhe
Des Guten schuf es die Natur;

Zum Gegensatz der stillen Haide,
Aus der der Christin Grab sich hebt;
Zum Gegensatz des heil'gen Friedens,
Der um das Grab der Christin schwebt.

Einförmigkeit und Ruhe füllen
Der Eb'ne weitgedehnt Revier,
Kein Baum, kein Gras wächst auf der Haide,
Nur wirr Gesträuppe wuchert hier.

Der Ginster, der Lentiscus niedrig
Dicht an der Erde hin sich ziehn,
Die Zwergespalme dehnt am Boden
Die kleinen, flachen Fächer hin.

Weißadrig die Marienbistel
In trocknem Grunde wuchert dort,
Die Cactus wälzt sich schlangenartig
Auf wasserarmer Scholle fort,

Nur hie und da aus dieser Oede
Ragt höher ein Gesträuch hervor,
Es hebt zum Aether die Agave
Den kerzenart'gen Stiel empor.

Nur eine einz'ge Dattelpalme
Siehst du auf dieser Eb'ne steh'n,
Sie schüttelt luftig ihre Fächer,
Die rauschend sacht im Winde weh'n.

Der Ostwind herrscht hier als Gebieter,
Es knickt der Haide Blüthen ab;
Aus solcher Oede menschenleer
Ragt mächtig auf der Christin Grab.

Der Christin Grab gleicht nicht den Gräbern,
Wie sie errichtet unsre Zeit;
Ein Denkmal ist's, wie man's errichtet
Nicht Kaisern selbst und Kön'gen heut'.

Ein riesig Denkmal ist's, gewaltig
In seinem Formenmaaß: es haben
Sich Kraft und Schönheit hier vereinigt
Zu einem Ganzen hocherhaben.

Haft auf dem weiten Trümmerfelde
Von Memphis jemals du gesehen
Die Pyramiden Altegyptens,
Wie ernst und riesig da sie stehen?

Drangst je du ein in's tiefe Herz
Von Afrika, in Nubiens Haine,
Und sahst du dort auf einer Insel
Im Nil, bei trop'scher Sonne Scheine

Die Pyramiden Meroë's?
Dann hast ein Bildniß du geschaut
Von dem, was ist das Grab der Christin;
Ein Riesendenkmal steinerbaut.

Ein Denkmal würdig ist's des größten
Herrschergeschlechts, das je gesehen
Die Erde hat: es bleiben staunend
Von seiner Pracht die Völker stehen.

Es schlinget eine Säulenhalle
Rings um das Grab den schönen Kranz,
Es leuchten ihre Capitäler
Mit weißen Marmors Strahlenglanz.

Auf diesen Säulen ruht das Dach.
Die Pyramide mächtig, hehr,
Sie hebet groß und riesenkräftig
Die Spitze auf zum Aethermeer.

Dort, wo der Säulen schlanker Kranz
Sich um des Denkmals Sockel zieht,
Da lagen vor des Grabes Eingang
Drei ries'ge Pforten von Granit.

Drei Pforten: doch der würde irren,
Der glaubte, durch sie einzudringen
In das Geheimniß dieses Denkmals;
Nie wird der Eingang ihm gelingen.

Dann hinter diesen Pforten ziehet
Sich eine Mauer hin. Zum Schein
Nur sind die Thore hingestellt.
Wo ist der Weg, der führt hinein,

In diese myst'sche Pyramide?
Kein Mensch ihr Inn'res noch betrat;
Geheimnißvoll ihr Heiligthum
Vor Allen sie bewahret hat.

Wen birgt das Grab? Wer ruhet hier
Von Erdenmühen ewig aus?
Wer war der Sterbliche, deß' Leiche
Schließt ein solch' riesenhaftes Haus?

Es weiß es Niemand. Die Geschichte
Ist stumm vor solchem Räthsel. Wen'ge
Gelehrte nur behaupten zaghaft:
„Hier ruhen der Numiden Kön'ge.

Doch, wo die Weltgeschichte schweiget,
Da spricht vom Schicksal früh'rer Tage
Oft mit lebend'gen bunten Farben
Die holde, märchenhafte Sage.

Die Sage ist ein kühner Aar,
Der auf der Berge höchsten Rücken
Und nah' der Sonne fliegt und labt
Sein Aug' an ihren Strahlenblicken.

Die Sage ist ein kühner Aar,
Der hoch aus seinem Thron der Lüfte
Die Blicke senkt geheimnißforschend
Bis in der Felsen tiefste Klüfte.

Sie bringt, was räthselhaft, zum Vorschein,
Und was kein sterblich Aug' gewahrt;
Der Vorwelt unbekannte Thaten
Hat uns die Sage offenbart.

In Königsschlössern sie enthüllet
Uns die Geheimnisse des Thrones,
Zeigt uns die holde Sklavin liebend
Im Arm des blüh'nden Königsohnes.

Zeigt uns die Sultanin geschmieget
An eines Schäfers Seite weich,
Hebt auf den Unterschied der Stände:
Die Sage macht uns Alle gleich.

Die Sage schafft in niedern Hütten
Glück, Seligkeit, verbannt die Qual,
Sie malt in dunklen Felsengrotten
Uns eines Feeenschlosses Saal.

Sie kennet keine Schwierigkeiten,
Selbst Wunder sind ihr leichte Sachen,
Nichts ist unmöglich ihr, sie kann
Aus Kieseln Diamanten machen.

Wer in dem Reich der Sage lebt,
Ist glücklich, ew'ger Wonne Meister,
Er schläft, und süße Träume bringen
Zu seinem Ruhebett die Geister.

So laßt in dieses holde Reich
Uns bringen denn auf ihr Geheiß,
Und laßt uns von der Sage hören,
Was sie vom Grab der Christin weiß.

II.

Vor tausend Jahren blüht' im Innern
Der nördlich afrikan'schen Lande
Das Königreich der Beni Zian;
Sie herrschten vor des Meeres Strande

Bis tief in's Innerste der Wüste,
Der Atlas beugte sich zugleich
Vor ihrem Scepter: Sänger priesen
Der Beni Zian stolzes Reich.

Tlemsen, so hieß die Herrscherstadt,
In der die Kön'ge ihren Thron
Errichtet hatten, und ihr Scepter
Sich pflanzte fort von Sohn zu Sohn.

Vor vielen Jahren auf dem Throne
Von Tlemsen saß ein stolzer König,
Ihn rühmten als gerecht und weise
Der Völker Stimmen tausendtönig.

Sib' Ismael, so hieß der König:
Licht, wie die Sonn' im Juli lacht,
So glänzte auf des Thrones Höhen
Des Sultans stolze Herrscherpracht.

Es schmückt' die würd'ge, ernste Schönheit
Des reifen Mannesalters ihn,
Sein Mund legt sich in edle Falten,
Es wölbt sich seine Stirne kühn;

Sein Auge leuchtet voller Glanzes,
Gleich einem sonnentzückten Aar;
Es wallt herab in dichten Locken
Sein mitternächtig dunkles Haar;

Ein Bart, an Schwärze unerreicht,
Das weiße Antlitz ihm umringt,
Wie sich ein Wald voll dunkler Tannen
Um blüh'nde Bergeswiesen schlingt.

Ein Jupiter, ein Gott, so schien er,
Ihm glich kein staubentsproß'ner Mann,
Die Helden ehrten ihn als Vorbild,
Ihn beteten die Frauen an.

Die Mädchen fühlten seines Auges
Geheimnißvolle Allgewalt,
Es lag ein wunderbarer Zauber
In seiner männlichen Gestalt.

Es war des Königs edles Herz
Für holde Frauen mild gesinnt,
Es lächelt Gnade wohl sein Mund
Gar manchem schön erblühten Kind.

Die höchste Sehnsucht aller Frauen
War, daß der Herr sie möchte sehen,
Und daß er würdig sie erfände,
In seinen Harem einzugehen.

Der Frauen viele schloß bereits
In sich des Königs Harem ein,
Und manchem Mädchen ward die Ehre
Zu Theil, des Herrschers Braut zu sein.

Der Harem schien ein Beet der Rosen,
Dort lagen auf den weichen Pfühlen
Gebettet sanft die holden Mädchen,
Umringt von ihrer Lust Gespielen.

Hier glänzt hervor aus sammt'nen Kissen
Ein zart Madonnenangesicht,
Dort lächelt schalkhaft und verstohlen
Ein funkensprühend Augenlicht.

In jenem Winkel liebeseufzend
Der Wüste braune Tochter ruht,
Es spiegelt sich in ihren Zügen
Der Leidenschaften mächt'ge Gluth.

Die Maurin dort auf blum'gem Polster
Wollüstig hingebettet liegt,
Die ihrer Schönheit wohlbewußt
In stolzer Formenpracht sich wiegt.

Muthwillig wie ein junges Kätzchen
Ein keck Mulattenkind daneben
Wirft auf dem Teppich sich umher
Voll kind'scher Lust und voller Leben.

Doch eine Jungfrau sticht hervor
Als Gegensatz aus solcher Schaar;
Mit nord'schen, keuschen, ernsten Zügen,
Mit blauem Aug' und blondem Haar.

Es hat die Jungfrau auferzogen
In strenger Zucht ein nordisch Land,
Bestimmt war sie zu keuscher Liebe,
Zu heil'gem ehelichen Band.

Bestimmt ward sie in früher Jugend,
Wie Veilchen kaum geseh'n, zu blüh'n,
Ein einfach Leben mit dem Gatten
In stiller Hütte hinzuzieh'n.

Nun hat das Schicksal sie verschlagen
Hieher, in's üpp'ge Reich der Lust,
Wo südlich glüh'nde Triebe walten
In leidenschafterfüllter Brust.

Das Schneeglöcklein des kalten Nordens
Fühlt sich versetzt in heiße Zonen,
Wo unbekannt die keusche Liebe,
Wo Lust und Leidenschaft nur wohnen.

Es schlich ein fremdes, wildes Feuer
In ihrer Glieder Bau sich ein,
Des Südens brennend heiße Sonne
Schuf ihr geheimnißvolle Pein.

Der holde Süd ihr offenbaret,
Was lang' ihr unbekannt geblieben,
Und gleich des Harems andern Frauen
Glüht nun auch sie in heißen Trieben.

All' diese Frau'n, all' diese Mädchen
Beseelt ein einz'ger Wunsch allein,
Sich ihrem König und Gebieter
In süßer Hingebung zu weih'n.

Allabendlich, wenn von dem Herrscher
Entlassen wurden die Wesiere,
Wenn seines Reichs Geschäfte ruhen,
Da öffnet sich des Harems Thüre.

Der König naht, der Mädchen Schaar
Eilt auf ihn zu, Gesang erschallet —
So gleichet er dem Sonnengott,
Der zwischen Rosenwolken wallet.

Sein Fuß berührt den Boden nicht,
Die schönste Sänfte bettet ihn,
Es tragen ihn der Mädchen Arme
Sanft, wie auf Blumenblättern, hin

Zum Throne tragen ihn die Schönen:
Dort ruht der Herrscher königlich
Und um ihn her mit zartem Schmachten
Die holden Kinder lagern sich.

Es plätschert lieblich die Fontäne,
Gesang von Vögeln füllt die Lüfte,
Die jüngsten Mädchen streuen Weihrauch,
Aus Blumen steigen süße Düfte.

Der ganze Saal scheint wie bezaubert,
Der höchsten Wonne nur geweih't,
Ein Heiligthum der Liebesgöttin,
Ein Vorgeschmack der Seligkeit!

Wann ausgetönt die Melodeien,
Und wann verstummt des Festes Braus,
Dann wählt der Herr sich aus den Schönen
Zu seiner Gattin eine aus.

O selig sie! vor vielen hundert
Erkoren zu dem höchsten Glück,
Es preisen glücklich sie die Frauen,
Die Mädchen neiden ihr Geschick.

Jedweder Abend bringet Feste,
Bringt einer neuen Hochzeit Feier,
Und jeden Abend vor dem König
Sieht eine neue Braut im Schleier.

So hat er viele schon gefreiet,
Er schwelgt' im höchsten Ueberfluß,
Doch auf dem Grund der vollen Kelche
Der Wollust lauert Ueberdruß.

Ein Sinnenmensch, ein Sohn der schalen
Nichtssagenden Gewöhnlichkeit
Wär' glücklich wohl an seiner Stelle,
Ihn däuchte Wollust Seligkeit.

Doch also dachte nicht der König,
Ihm fehlte eins, er wollte Liebe,
Und seines Harems Frauen kannten
Nur seelberaubte Sinnestriebe.

Aus ihren Blicken glänzt ein Feuer,
Doch stammt es aus dem Herzen nicht,
Vom heißen Blute ist's erfacht nur,
Kein Auge, das von Liebe spricht.

Nach Liebe sehnte sich der König,
Die nicht ein sinnlich tändelnd Scherzen,
Nein! die ein Austausch ist der Seelen,
Ein geistig Band verwandter Herzen.

Und da er solche Lieb' nicht fand,
Noch finden konnt' in seinen Landen,
Umfing sein Herz die düstre Schwermuth
Mit ihren mitternächt'gen Banden.

Ihn labt nicht mehr Gesang, noch Blume,
Ihn rührt der Mädchen Schönheit nicht;
Voll Schmerz sah'n seine Unterthanen
Des Herrschers trübes Angesicht.

Es riethen wohl dem Trübgesinnten
Aus seinen Reichen die Getreuen
Der Mittel viel', sein Herz zu heilen,
Und seine Schwermuth zu zerstreuen.

Die Ritter riethen, daß der König
Sich stürze in der Schlacht Gedränge,
Die Priester sagten, daß Gebet
Allein den trüben Sinn bezwänge.

Gar Mancher rieth gar manches Mittel,
Doch kein's der Mittel heilte ihn:
Ein hochberühmter Philosoph
Rieth endlich, was vortrefflich schien.

Der König solle mit dem Hemde,
Das von dem Glücklichsten auf Erden,
Von dem Zufriedensten der Menschen,
Getragen ward, bekleidet werden.

Man schickte Boten aus, zu forschen
Nach diesem sel'gen Erdensohn,
Man suchte lang' und fand ihn endlich
In eines Bettelmanns Person.

Der Bettler wünschte sich nichts Beſſ'res,
Als stets ein Bettler nur zu sein;
Drum war er glücklich und man bat ihn,
Sein Hemd dem Könige zu leih'n.

„Gern thät' ich es!" so sprach der Bettler,
„Allein ein Hemd besaß ich nie." —
So blieb auch diesmal ungeheilt
Sid' Ismaels Melancholie.

Der Philosoph, der so viel klüger
Als andre Menschen sich gedacht,
Ward wegen des mißlungnen Mittels
Vom ganzen Hofe ausgelacht.

Doch was der Weltweisheit nicht glückte,
Das hatt' der Gottheit dunkles Walten
Geheimnißvollen Wunderkräften
Und seltner Schickung vorbehalten.

Einst jagt der Fürst in den Gebirgen,
Verirrt sich plötzlich, fern den Seinen,
Sieht sich umringt von finstern Wäldern,
Von mächtgen Felsen, ries'gen Steinen.

Kein Pfad, der ihn hinaus geleite
Aus solchem Chaos, weit und breit
War keine Hütte, war kein Zelt
Zu seh'n in dieser Einsamkeit.

In's Schicksal, das unwendbar schien,
Schon hat der König sich ergeben,
Schon war gefaßt er, hier zu enden
Allein sein schwermuthvolles Leben.

Er ruht am Fuße einer Eiche,
Da überkommt ihn süßer Schlummer,
Und in des Schlummers Reich vergißt er
Den neuen und den alten Kummer.

Ein Traum umfängt ihn; plötzlich sieht
In einen unterird'schen Saal
Er sich versetzt, in eine Grotte,
Erhellt von vieler Fackeln Strahl.

Und sieh'! Es schwebt an ihm vorüber
Nun ein Gesichte wunderbar;
Er schaut beim Schein der rothen Fackeln
Im Saale eine Mädchenschaar.

So schön! So hold! die Mädchen blühen
Wie Huris in dem Paradies,
Das der Prophet nach ird'scher Wallfahrt
Den frommen Gläubigen verhieß.

Der König glaubt mit seinem Harem
Entfernte Aehnlichkeit zu finden,
Doch bald fühlt er die Aehnlichkeit
Vor dem erhöhten Zauber schwinden.

Die Mädchen in der Wundergrotte,
Sie gleichen seinen Schönen zwar,
Es sind dieselben üpp'gen Leiber,
Dasselbe sanftgewellte Haar:

Doch wie viel anders ist der Ausdruck,
Der aus der Mädchen Zügen spricht;
Im Harem plumpe Sinnlichkeit,
Hier geist'ger Zauber, geistig Licht.

Er ahnt, daß mächtige Gedanken
Auf diesen weißen Stirnen walten,
Ihn däucht, als spräche tiefes Sinnen
Aus dieser Lippen zarten Falten.

Es leuchtet eine edle Seele
Hervor aus dieser Augen Spiel,
Auf diesen Zügen spiegelt sich
Ein hold Gemüth, ein zart Gefühl!

Im Schwarm gewahrt der Herrscher Eine:
Vor Andern blüht sie königlich;
Ein Diadem von goldnen Sternen
Auf ihrer Stirne malet sich;

Ein weißer, geisterhafter Schleier
Ihr dunkles Lockenhaar umwallt,
Ein Kleid aus zarten Silberfäden
Umgiebt die himmlische Gestalt.

Das schönste Ebenmaaß der Formen
Ihr Antlitz zeigt, an Ausdruck reich;
Ihr Auge leuchtet wie die Sonne,
So hell und auch so sanft zugleich.

Aus ihrem Mund ertönt Gesang,
Ein Lied von wunderbarer Macht,
Das, wie mit zauberischen Flammen,
Zur Lieb' des Lauschers Herz erfacht.

Der König fühlt ein neues Feuer
Die ganze Seele ihm durchdringen,
Ein unbekannt Gefühl erwacht
In seiner Brust bei ihrem Singen.

Was er für Liebe einst gehalten
Im Arm von seines Harems Frauen,
Das war nicht Liebe. Jetzt erst sieht er
Für sich der Liebe Morgen grauen.

Die Liebe eines edlen Weibes,
Das ebenbürtig auch an Geist
Dem Manne sei, solch hehre Liebe
Der Jungfrau Anblick ihm verheißt.

Nicht eine Sklavin will der König,
Ein Weib nicht, dessen Wunsch allein
Nur der ist, ihrem Herrn zu dienen
Und seiner Lüste Spiel zu sein.

Nein! solch ein Weib ist sein nicht würdig!
Der König sucht ein höh're Wesen,
Das, ihm an Geist und Hoheit ähnlich,
Zur Gattin ihm sei auserlesen.

Jetzt glaubt er endlich, daß gefunden
Er dieses seltne Wesen habe,
Begrüßt mit warmen Liebesworten
Die holde Braut, des Traumes Gabe.

Doch sie bleibt stumm bei seinen Worten,
Gleich einer Göttin schwebt sie hehr,
Und wie sie hinschwebt, da erhellt
Die Grotte sich zum Flammenmeer.

Und plötzlich weicht der Grotte Decke,
Der Himmel öffnet sich, es wallen
Auf ros'gen Wolken Geister nieder,
Posaunen, himmlische, erschallen.

Sieh! Im Verein mit jenen Geistern
Die Holde wallt im schönste Chor,
Bis die beflügelten Gewande
Zum Himmel tragen sie empor.

Bei diesem Anblick fühlt der König
Von mächt'ger Sehnsucht sich gehoben;
Statt auf der Erde zu verzweifeln,
Möcht' schweben er zu ihr nach Oben.

Schon wähnt er, daß empor er fliege,
Durchschneidend rasch des Aethers Raum, —
Da wacht er auf, — und ach! er sieht,
Daß Alles nur ein süßer Traum.

Vorbei ist Alles! Schwermuthsvoll
Erscheint nun wieder ihm das Leben,
Ein einz'ger seliger Moment
Nur war dem Leidenden gegeben.

Es war des Königs Herze glücklich
Nur diesen einz'gen Augenblick
In seinem Leben, aber ach!
Ein Traum war dieses einz'ge Glück.

Jedoch wie viele Menschen giebt es,
Die selbst im Traum nie glücklich werden;
Der König war noch glücklicher,
Als viele Tausende auf Erden.

Doch solch ein Glück genügt ihm nicht:
Das Bild, das ihm der Traum gezeigt,
Er möcht's erfassen, seine Sehnsucht
Ist zu dem Bild allein geneigt.

Ob diesem Bild vergißt der Fürst
Sein Leiden, seine Einsamkeit,
Daß er, verirrt in öder Gegend,
Vielleicht dem grausen Tod geweih't.

All' seine frühern Leiden sind
Nichts gegen jene schwerste Wunde,
Die seiner Brust der Liebesgott
Schlug in verhängnißvoller Stunde.

Er wähnt, daß wenn noch einmal ihm
Sich zeigt die schönste der Gestalten,
Dann möcht' es ihm vielleicht gelingen,
Ihr holdes Bildniß festzuhalten.

Doch wo soll er die Theure suchen?
Ein Traumgebilde schien sie nur!
Auf welcher sel'gen Erdenscholle
Schuf solch' ein Wesen die Natur?

Es schien unmöglich, sie zu finden!
Das sah der König nur zu gut;
Aus seinen kummervollen Augen
Ergoß sich eine Thränenfluth.

Die Thränen flossen still hinab
Auf durst'gen Grund, auf trocknen Stein,
Und diese wüste Erde saugte
Mit Gier die salz'gen Tropfen ein.

Des Königs Thränen rinnen nieder
Auf einen Fels, der ihm zu Füßen,
Und dessen leichte Staubesdecke
Sie lösen, wie sie niederfließen.

Und auf dem Steine eingegraben
Des Königs Auge nun erfaßt,
Da abgespült die Staubesdecke,
Das Zeichen, das der Islam haßt.

Das Kreuzeszeichen sieht er blinken
Inmitten auf dem öden Plan;
Erst graut es ihm, doch ahnt er bald
Im Zeichen einen Talisman.

Doch bleibt ihm kurze Zeit zum Staunen,
Der Kreuzesstein, vom Staube frei,
Zertheilt sich plötzlich und die Erde
Darunter spaltet sich entzwei.

O Wunder! Aus der Erde steigt
Ein seltsam Wesen nun hervor;
Ein Greis hebt langsam und voll Würde
Sich aus des Felses Spalt empor.

Ein Greis! so möchte man ihn nennen;
Doch gleicht er andern Greisen nicht;
Ein geisterhafter, heil'ger Ausdruck
Aus den verklärten Zügen spricht.

Sein Auge glich dem eines Engels,
Doch war sein Leib von andrer Art,
Bis zu den Füßen wallt' hernieder
Sein dichter, busch'ger, weißer Bart.

Ein weicher, weißer Flaum umgab
Den Körper ihm, wie Hermelin,
Vertrat ihm des Gewandes Stelle,
Kein ander Kleid umhüllte ihn.

Sein langes, weißes Haar allein,
In vollen Locken niederfallend,
Bedeckt die Schultern und den Rücken,
Gleich einem Mantel sie umwallend.

Der König sieht voll Schreck und Staunen
Vor sich dieß seltsame Gesicht;
Doch eh' er noch ein Wort kann stammeln,
Der Greis die Stille unterbricht:

„Wer Du auch sei'st, o Erdensohn!
Und was auch sei Dein Wunsch, Dein Sehnen,
Du rief'st mich her, als dieses Kreuz
Benetzten Deines Auges Thränen.

„Dem Zeichen bin ich unterthan;
Sprich! Welchen Wunsch kann ich erfüllen,
Den Du gehegt hast? Meine Kraft
Steht Dir zu Dienst und Dir zu Willen."

Der König sprach: „O Gottesmann!
Mein Herz bewegt ein Wunsch allein:
Das Weib, das ich im Traum geschauet,
Zu finden und um sie zu frei'n."

„Das Weib, das Dir der Traum gezeigt,
Sie lebt, sie ist ein wirklich Sein!
Dieß Weib," so sprach der Greis, „ich kenn' es,
Und jenen Traum gab ich Dir ein.

„Ich kann und will Dich zu ihr führen,
Jedoch versprich mir zum Beginne,
Daß niemals ihrem Ursprung Du
Nachforschen willst mit frevlem Sinne.

„Und daß von ihrem heil'gen Glauben,
Wenn auch Dein Glaube feind ihm ist,
Du nie wirst suchen abzuwenden
Die Jungfrau durch Gewalt, noch List."

Der König wollt' es ihm betheuern
Bei dem Propheten, beim Koran,
Allein der Alte ließ ihn schwören
Bei jenem Kreuz, dem Talisman.

Der König schwört, wie sehr das Kreuz
Auch widerwärtig seinen Sinnen;
Doch kaum hat er den Schwur gethan,
So fühlt er sich versetzt von hinnen.

Und mit dem Greise schwebt er nun
Mit Sturmesschnelle durch die Lüfte
Ob Felsenkämmen, über Wälder,
Ob Thälern, über Berg' und Klüfte.

Am Ende sind sie angekommen
Bei einem Felsen mächtig groß,
Der stolz mit seiner Riesenmaße
Da thront wie ein Gigantenschloß.

Der Alte murmelt eine Formel,
Die jenen Felsen öffnen kann;
Und plötzlich hat sich eine Pforte
Weit wie ein Stadtthor aufgethan.

Durch diese Pforte dringen ein
Der König und der Wundergreis:
Jetzt tritt der Fürst in eine Wölbung
Auf seines Führers stumm Geheiß.

Kaum tritt der König ein, so wird,
Was er ersehnt hat, plötzlich wahr,
So sieht er seinen Traum verwirklicht:
Die Grotte und die Märchenschaar.

Ein ros'ges Licht erhellt die Grotte,
Ein sanfter Ton durchdringt die Luft,
Aus tausend Blumenkelchen steiget
Berauschend auf ein süßer Duft.

Inmitt' der ros'gen Gluthen wallen
Die Mädchen, die er sah im Traum,
Gleich überird'schen Wesen schweben
Einher sie durch der Grotte Raum.

Weiß wie der Schnee sind die Gewande,
So schön, wie keine Hand sie macht.
Doch zart und durchsichtig gewoben,
Verrathen sie der Formen Pracht.

Kaum wird der Mädchen glänzend Auge
Des Königs Gegenwart gewahr,
So schwebt, gleich wie auf Engelsflügeln,
Entgegen ihm die holde Schaar.

Sie nehmen ihn in ihre Mitte,
Mit ihnen schwebt er nun dahin,
Sie wallen durch die weite Grotte
Bis zu dem Thron der Königin.

Auf jenem Thron die Holde ruhte:
Gleichwie die Sonn' der Sterne Kranz
Weit überstrahlt, so alle Mädchen
Verdunkelt ihrer Schönheit Glanz.

Wie wenn von tausend Diamanten
Sich tausendmal das Feuer bricht,
So wogt, gleich einer Himmelsglorie,
Um ihren Thron ein göttlich Licht.

Vor solcher Hoheit Strahlenglanz
Geblendet bleibt der König stehen.
Lang' wagt er's nicht, den Blick zu heben
Und zu dem Thron hinaufzusehen.

Doch endlich richtet er verstohlen
Zu ihr hinauf den scheuen Blick,
Da plötzlich ahnt sein liebend Herz
Ein neues überird'sches Glück.

Sie ist's! nicht kann sein Blick sich trügen;
Sie ist es! seines Traumes Sonne;
Sie ist's! Solch seliger Gedanke
Möcht' sprengen ihm die Brust vor Wonne.

Wie nach der Wüstenfahrt den Pilger
Labt der Oase Quell und Hain,
So saugt sein Blick mit durst'gen Zügen
Der Holden theures Bildniß ein.

Ein Taumel hat sich sein bemächtigt,
Da bleibt er stehn, gebannt am Ort,
Zu ihr blickt er entzückt hinan,
Doch wagt zu stammeln er kein Wort.

Er, der sonst stets im Kampf der Liebe
Die Frauen als Tyrann behandelt,
Er fühlt sich schüchtern wie ein Knabe,
In einen Neuling umgewandelt.

Es flößet jetzt ihm Zweifel ein
Die Schüchternheit, die ihn bethört:
Wie? wenn umsonst sein Kommen war,
Und ihn die Schöne nicht erhört?

Doch bald durchbricht des Zweifels Nacht
Ein trostverkündend lieblich Licht,
Die Holde lächelt und zum König
Ihr zarter Mund nun also spricht:

„Wer Du auch sei'st, dem unsre Grotte
Aufthat ein heil'ger Talisman!
Nur Gutes kann hieher Dich führen;
Sei uns willkommen, fremder Mann!

„Ob Du ein Bettler, ob ein König,
Gebietend über manches Reich,
Du bist willkommen gleicher Weise!
In unserm Land sind Alle gleich.

„Wir schätzen nicht der Erden Güter,
Wir ehren nur des Geistes Gaben;
Doch die verehren wir am Höchsten,
Die edele Gesinnung haben.

„D'rum, wenn Dein Sinn bei uns sich labt,
So ist's ein Zeichen, daß geboren
Zu höh'rem geist'gen Leben Du,
Daß Du zum Guten auserkoren.

„Dr'um weile, wenn Du weilen magst!
Und leb' mit uns von unserm Leben,
Und fühlt Dein Geist sich glücklich hier,
So wirst auch uns Du Freude geben."

So sprach die Königin, es hört's
Der Fürst und fühlet süße Pein,
Es bringt ihr Wort mit zarter Macht
Ihm in des Busens Tiefe ein.

Es klang gar süß der Rede Ton,
Doch seltsam däuchet ihn ihr Sinn,
Es schließt ein unbekanntes Land
Ihm auf das Wort der Königin.

Denn niemals hat er noch gesehen
Ein Weib, das geist'ge Güter ehrt,
Und schon will Zweifel ihn beschleichen,
Ob nicht ein Trug, was er gehört.

Da schaut er auf und sieh', es ruht
Sein Blick auf ihres Aug's Azur;
Nein, solch ein Auge kann nicht trügen,
In solchem Blick liegt Wahrheit nur.

Und ihrem Worte zu vertrauen,
Und in der Grotte wunderbar
Entschließt der König sich, zu weilen
Inmitt' der Wundermädchen Schaar.

III.

Gar seltsam war der Mädchen Leben
In jener Grotte Einsamkeit,
Verschieden von des ird'schen Daseins
Alltäglicher Gewöhnlichkeit.

Sie kannten Arbeit nicht, noch Sorge,
Nicht Müh'n nach andrer Frauen Weise,
Sie webten ihre Kleider nicht,
Bereiteten sich nicht die Speise.

Was ihre ird'sche Hülle brauchte,
Gewande, Obdach, Speis' und Trank,
Das schenkte ihnen Gott umsonst,
Es war nicht saurer Arbeit Dank.

Sie lebten fröhlich ohne Sorgen,
Sie labten sich an Blumendüften,
Sie athmeten so frei, so rein,
Wie Sommervöglein in den Lüften.

Doch ob auch ohne Müh' und Arbeit
Nach ird'scher Art der Mädchen Leben,
So war es doch kein eitles Leben,
Nicht ohne höh'res geist'ges Streben.

Aus ihren Seelen fromm und gut
Ein Dankgebet gen Himmel drang,
Ihr ganzes langes Leben war
Ein ew'ger heil'ger Lobgesang.

Des Morgens, wann der Grotte Decke,
Die durchsichtig wie Aether war,
Durchschien der Sonne erster Strahl,
Da wachte auf der Mädchen Schaar.

Sie nahmen Blumen in die Hände,
Wie Rosen roth, wie Lilien weiß,
Und schmückten herrlich den Altar,
An welchem kniet' der Wundergreis.

Mit einem leuchtenden Gewande
Hinschritten zu dem Alten dann
Zwei Mädchen, strahlend wie die Engel,
Bekleideten den Gottesmann.

Ein Patriarch im Königsmantel
So schien der Greis, mit zartem Hauch
Nun lispelt er Gebete, feiert
Des Gottesdienstes myst'schen Brauch.

In einer gold'nen Schale bringt er
Geheimnißvolles Opfer dar,
Er murmelt heil'ge Formeln, weihet
Zum Wunderschauplatz den Altar.

O Wunder! jener Trank, der glänzte
Noch eben wie das Gold so hell,
Er hat in Blut, in rothes Blut
Verwandelt sich so jäh und schnell.

Der König sieht's, ihn faßt ein Grauen,
Er fühlt des Widerstrebens Pein,
Er ahnt ein feindlich Element,
Und doch wirkt's mächtig auf ihn ein.

In seiner Seele wogt ein Streit,
Natur und Wunder kämpfen hie,
Er zweifelt, schwankt, doch plötzlich löst
Sich auf sein Herz in Harmonie.

Dann plötzlich dringt Gesang, so hold,
Wie tausendfacher Engelchor,
Die Seele süß in Träume wiegend
Und doch erhebend, ihm an's Ohr.

Die Lyra stimmt der Mädchen Hand,
Und heil'ger Harfenton erschallet,
Ein Meer der Töne zart und voll
Hin durch die weite Grotte wallet.

Dem König wird so weich um's Herz,
Zwar, was er sieht, bekehrt ihn nicht,
Allein der Töne süßer Schall
Mit Zauberbanden ihn umflicht.

Vollendet ist der Gottesdienst;
Der Wundergreis den Segen spendet,
Und dann, von lichten Wolkenschleiern
Getragen, sich gen Himmel wendet.

Die Mädchen sind allein: Der König
Ist nun der einz'ge Mann im Saal;
Doch scheint's, als achtet nicht im Kleinsten
Auf sein Geschlecht der Mädchen Zahl.

Geschlechtlos schienen sie: wie Engel
Im Paradies der Christenheit.
Nicht glichen sie des Islams Huris,
Die voller Lust und Sinnlichkeit.

Die Frau'n, die sonst der König kannte,
Verbrachten mit des Putzes Zier
Den Tag: d'rum staunend sieht die Mädchen
Er anderm Thun sich widmen hier.

Sie eilen nicht zu eitlen Spiegeln
Sie schminken sich die Wangen nicht,
Sie wechseln stets nicht das Geschmeide,
Auf fremden Beifall nur erpicht.

Nein! edler, höher ist ihr Streben:
Die Poesie ihr Herz umflicht,
Und aus manch' zartem Frauenmunde
Erklingt begeistert ein Gedicht.

Die Einen widmen sich der Tonkunst:
Aus Instrumenten, die noch nie
Ein sterblich Auge sah, entlocken
Sie süßer Töne Harmonie.

Die Andern voller heil'gen Eifers
Der edlen Malerkunst sich weihen,
Im holden Einklang ihrer Tinten
Sie Farben aneinander reihen.

Der Plan der Zeichnung war nicht irdisch:
Nein! höh'ren Geist's die Mädchen sannen,
Gesichte, die sie himmlisch schauten,
Mit ihrem Pinsel festzubannen.

Doch Kunst ist nur ein edles Tändeln
Für's Herz, das Weisheit durst' umwinden:
Des Geistes wahre Freuden sind
In geist'ger Arbeit nur zu finden.

D'rum von Musik und Malerei
Sie wenden nun sich ab, versenken
Die zarten und doch kräft'gen Seelen
In tiefes philosoph'sches Denken.

Sie forschen nach dem Sinn der Werke,
Die einst die größten Menschen schufen,
Und lesen überird'sche Lehren,
Die Gott einst in die Welt gerufen.

Des Alterthumes weise Denker
Sind ihnen fremd nicht; doch es weilen
Vor andern Schriften gern die Blicke
Auf eines Gottesbuches Zeilen.

Dieß Buch, das Menschen nicht ergründen
Und selbst die Klügsten nicht verstehen,
Ist ihnen dunkel nicht; die Demuth
Lehrt sie, was unsichtbar, zu sehen.

Doch eine in der Mädchen Schaar
Vor andern herrlich sich erweist:
Die Kön'gin ist's! Ihr Sinn ist göttlich
Und über alle strahlt ihr Geist.

Ist jede Seele ein Gedanke,
Der aller Weisheit Born entquillt,
So scheint die auserwählte Seele
Der Gottesweisheit Ebenbild.

Ein Bildniß der antiken Pallas
Sie scheint, der Weltweisheit entsprossen,
Jedoch vom Licht des höh'ren Glaubens
Geistig verklärend übergossen.

Sid' Ismael erblickt das Wunder,
Das diese Grotte ihm erschließt,
Es füllt ihm der Gefühle Strom
Den Busen, bis er überfließt.

Nicht länger kann er sich bezwingen,
Und vor der Kön'gin fällt er hin,
Gestehet seine heißen Triebe,
Verräth den liebbethörten Sinn.

Doch jene hebt ihn auf so sanft:
Es kennt ihr Herz nicht Sprödigkeit,
Denn Sprödigkeit ist nur die Tochter
Des Trotzes und der Eitelkeit.

Sie spricht zu ihm: „Was Du begehrst,
Wird schwer mir nicht, daß ich's erfülle,
Daß ich die Deine werde, ist
Des Schicksals vorbedachter Wille!"

Der König hört's und Staunen füllt
Zugleich und Freude sein Gemüth,
Er sieht sein Leben neugeboren,
Zum Liebesmorgen auferblüht.

Die Schwermuth weicht, die seinen Sinn
So lang' gefangen hat gehalten,
Ein neu Gefühl zieht ihm in's Herz,
Möcht' ewig in demselben walten.

Die Liebe, die er lang' gesucht,
Hat endlich nun der Fürst gefunden;
Ihr Balsam bringt ihm in das Herz
Und heilet die verjährten Wunden.

IV.

Der König hofft, daß zwischen Beiden
Bald jede Schranke nun verschwinde,
Doch wollte nicht die holde Braut,
Daß unvorsichtig er sich binde.

D'rum gab sie eines Mondes Frist
Dem König zum Bedenken Zeit,
Blieb sein Entschluß so lange fest,
Dann war auch sie zum Bund bereit.

Und während der bedung'nen Frist
Der König in der Grotte weilet,
Dort lebt er von der Mädchen Leben,
Mit ihnen Freud' und Arbeit theilet.

Wie jener erste Tag, den er
Verlebte in der stillen Grotte,
So fließen auch die andern hin,
Geweiht der Arbeit und dem Gotte.

Jedoch, obgleich die Tage schwanden
Einförmig hin, geweiht den Pflichten,
So waren anders doch die Nächte,
Erfüllt von seltsamen Gesichten.

Viel kleine Grotten, Kammern gleich,
Umgaben größ'rer Grotte Saal;
In eine dieser führt den König
Allabendlich der Mädchen Zahl.

Auf Löwenhäute sanft gebettet,
Sollt' ihn der Schlummer dort umfahen,
Und süße Ruhe ihm gestatten,
Dem Morgen neugestärkt zu nahen;

Jedoch kaum schläft er eine Stunde,
Dann weckt ihn wieder auf die Wonne,
Die seinen Puls belebt, er harrt
Mit offnem Aug' der Morgensonne.

Als so er daliegt, dünkt ihn plötzlich,
Daß Alles sich um ihn erhelle,
Es strömt ein silberweißes Licht
Aus unbekannter Strahlenquelle.

Durchsichtig ist die ganze Grotte,
Er sieht die Mädchen durch den Saal
Hinwandeln feierlich gelassen
Bei zauberhaften Lichtes Strahl.

Die Kön'gin geht an ihrer Spitze,
Jedoch wie scheint sie heute schön!
So königlich, so hehr und prächtig!
Wie's noch sein Auge nie gesehn.

Aus ihres Angesichtes Zügen
Ein geisterhafter Ausdruck spricht,
Und ihre Augen strahlen aus
Ein überirdisch göttlich Licht.

Es wallt der Zug rings um die Wände
Der Grotte, welche leuchtet klar,
Und wo vorbei er geht, da wird
Ein seltsam Wunder offenbar.

Die Wände öffnen sich, die Steine
Des Bodens richten sich empor,
Und Märtyrer und Heil'ge steigen
Aus ihren Gräbern nun hervor.

Hier wallt hervor ein Patriarch
Aus weißen Leichentuches Banden,
Geschmückt mit bischöflicher Mitra,
Umhüllt mit goldenen Gewanden;

In weiten Mantels Falten sich
Beinahe sein Skelett verliert,
Die Hand, vom langen Tode steif,
Der goldne Hirtenring verziert.

Dort aus der Gräber grauser Tiefe
Aufsteigen frommer Männer Leichen,
Die Märtyrer im Tode kühn,
Geschmückt mit ihrer Leiden Zeichen.

Macrina, deren zarten Busen
Zerriß der Löwen wilder Zahn,
Maximilianus, den zu Tode
Verbrannt der Heiden schnöder Wahn.

Arcadius, welcher grausen Tod
Zu Julia Cäsarea litt,
Wo auf Befehl des röm'schen Consuls
Der Lictor ihn in Stücke schnitt.

Zwei brüderliche Heil'ge auch
Neu auferstanden waren da,
Die Hippo regius in dem Circus
Voll Qual zu Tode foltern sah.

Gervasius und Protasius, also
Ihr Name klingt im Volksmunde,
Und mancher frommer Christ ruft an sie
In seines Lebens letzter Stunde.

Marmarius, den der Henker quälte
Zu Tod nach des Präfects Befehle,
Und der, in siedend Oel geworfen,
Gen Himmel hauchte seine Seele,

Und all' die tausend Märtyrer,
Berühmt aus Afrika's Geschichte,
Sie steigen jetzt aus ihren Gräbern
Und freuen sich am obern Lichte.

Der eine trägt in seiner Rechten
Das Kreuz, an dem er einst verschied,
Der andre hält ein Rad, der dritte
Den Rost, auf dem sein Leib geglüht.

Hier eine Schaar von Jungfraun wandelt,
Sie zeigen jetzt voll heil'ger Lust
Die scharfen Zangen, welche einst
Zerrissen ihre zarte Brust.

Dort auch die auserwählte Schaar
Der heiligen Bekenner geht,
Auf deren Banner licht und weiß
Des Kreuzes göttlich Zeichen steht.

Die Bischöfe, in deren Händen
Des Hirtenstabes Gold erblinkt,
Der Greise silberweißer Bart
Auf ihre Stola niedersinkt.

Der Priester männlich ernste Schaar
Entsteigt der Gräber tiefem Grunde,
Es tönen fromme Litaneien
Aus ihrem vielkasteiten Munde.

Und Diaconen, die der Armen
Einst warteten mit milder Gabe,
Die früh im Jünglingsalter starben
Und jung entsteigen ihrem Grabe.

Es konnten ihre blüh'nden Wangen
Nicht bleichen selbst des Todes Bande,
Es sinken ihre dunklen Locken
Auf weiße, wallende Gewande.

Aus ihren Augen spricht ein Ausdruck,
Dem heiligsten Gefühl entstammt,
Die ew'ge Liebe hat ihr Herz
Mit gottgeweihter Brunst entflammt.

Und ihnen folgen andre Schaaren,
Der Laien tausendzählig Heer,
Numiden=Fürsten mit der Krone,
Mit Scepter, Purpur, Schwert und Speer.

Viel Krieger mit den finstern Zügen,
Mit Augen ernst und fast versteint,
Es starren borstig ihre Bärte
Um ihre Wangen tiefgebräunt.

Und Bauern mauritan'scher Fluren,
Mit schwielenvoller, sehn'ger Hand,
Ihr dunkelbraunes Angesicht
Vom Sonnenstrahle fast verbrannt.

Nur ein Gedank' ist's, der beseelet
Die Todten all', die hier vertreten,
Ein heil'ges Liebesmahl zu feiern,
In gläub'ger Inbrunst hier zu beten.

Die Mädchen ordnen Sitz und Tische,
Die nöthig zu dem nächt'gen Feste,
Sie dienen bei dem Liebesmahle,
Aufmerksam auf den Wink der Gäste.

Und als das fromme Mahl beendet,
Der Todten und Lebend'gen Chor
Vereint sich und ein heil'ger Hymnus
Tönt aus der Grotte nun hervor.

Ein Hymnus voller süßer Inbrunst,
Voll Lust und heil'ger Seligkeit,
Voll Frieden, voller ew'ger Ruhe,
Voll überird'scher Freudigkeit.

Doch wie das Morgenroth erscheint,
Und Nebel durch die Grotte ziehn,
Da schwinden plötzlich die Gestalten,
Der Sonne Licht die Todten fliehn.

V.

So schwand nun jede Nacht dahin,
Die Ismael im Grottenraum
Zubracht', es zeigt' sich jedesmal
Derselbe wunderbare Traum.

Dasselbe heilige Gesicht,
Derselbe Geisterzug, es klang
Allnächtlich von denselben Lippen
Derselbe fromme Lobgesang.

Zwar anfangs staunt der Fürst und lauscht
Dem frommen Sange nicht ohn' Liebe,
Jedoch der König war kein Heil'ger,
Er diente weltlich irb'schem Triebe.

D'rum will beim Klang der Litaneien
Langweile endlich ihn beschleichen,
Er hofft, daß, wenn vermählt die Schöne,
Die nächtlichen Gesichte schweigen.

Er denkt mit Schrecken schon daran,
Wenn Nichts den Zauber kann bezwingen,
Daß seine Braut mit Todten statt
Mit ihm die Nächte möcht' verbringen.

Ein Schaudern faßt ihn. Von demselben
Kann lang' nicht sein Gemüth genesen,
Ein Grauen hat ihn überschlichen,
Denn gar zu seltsam war ihr Wesen.

Jedoch, ob seltsamen Gesichten
Geweiht auch war jedwede Nacht,
So strahlt doch aus am Tag die Schöne
Holdsel'ger Anmuth süße Pracht.

Die alte Lieb' erfaßt den König,
Er steht auf doppelsinn'gem Pfad.
Und um zu lösen seine Zweifel,
Dem Wundergreis er fragend naht.

„O laß," so spricht er, „mich die Wahrheit
Enthüllt von jedem Schleier schauen,
Und gieb, daß in der Brust die Liebe
Bezwingen mög' des Geistes Grauen."

Jedoch der Greis spricht: „Hast Du nicht
Geschworen, niemals zu erfragen,
Wer Jene sei? Nur soviel kann
Zu Deinem Trost ich heut' Dir sagen:

„Der Grotte, die uns hier umgiebt,
Muß jede ird'sche Stätte weichen.
Hier sammeln sich die Gotteszeugen;
Denn hier ruhn vieler Frommen Leichen.

„Hier ist der heil'ge Ort, nur hier!
D'rum fürchte nicht, daß Deiner Braut
Die Todten aus der Grotte folgen,
Die im Gesichte Du erschaut.

„Zwar wirst in Zukunft manches Wunder
Noch sehn Du, das kaum Menschen glauben,
Doch fürchte Nichts, was Du auch siehst,
Nichts wird Dir ihre Liebe rauben.

„So lange Dich die Holde liebt,
Wird glücklich fließen hin Dein Leben,
Und daß sie ewiglich Dich liebe,
Das ist in Deine Macht gegeben.

„So lang' Du selbst sie liebst, so lang'
Kannst Du auf ihre Liebe bauen,
Ob auch ein Feind sie mög' verläumden,
So hör' nicht auf, ihr zu vertrauen."

VI.

Der König glaubt dem Wort des Alten,
Bekämpft des Zweifels niedre Triebe,
Und neuer Friede in sein Herz
Zieht ein, befestigt seine Liebe.

Inzwischen war die Mondesfrist,
Die ihm die holde Braut gegeben,
Verstrichen fast; sie heimzuführen
War nur sein heißestes Bestreben.

Es bleibt nur eine Nacht. Die Frist
Verstreichet mit des Tages Grauen.
Jedoch in dieser Nacht sollt' er
Ein neues seltnes Wunder schauen.

Die Mädchen führen, wie gewohnt,
Den König in sein Schlafgemach,
Und, wie gewohnt, flieht ihn der Schlaf,
Sein Geist ist hell, sein Auge wach.

Und der Erscheinung harrt er nun,
Die jede Nacht ihm hat gebracht,
Doch ein Gesicht ganz andrer Art
Bringt ihm die letzte Wundernacht.

Er sieht voll Staunen, wie in's Innre
Der Grotte seinen Blick er lenkt,
Daß heut' der Saal, der sonst so licht,
In graue Dunkelheit versenkt.

Ein Lämplein nur erhellt ihn, statt
Der Flamm', die gestern er gesehn,
Und bei dem matten Schein sieht er
Die Todten auf den Gräbern stehn.

Doch scheinen heute sie voll Trauer,
Da tönt kein triumphirend Singen,
Nur matt Gestöhn und Klagetöne
Hört er aus ihrem Busen dringen.

Die Mädchen sucht sein Blick umsonst,
Nur Leichen zeigt des Lämpleins Schein.
Ihn dünkt, als ob die Todten weinten,
Weil heute sie im Saal allein.

Wo sind die Mädchen? fragt der Fürst
Sich selbst, was soll der Todten Weinen?
Da plötzlich sieht die äußre Wand
Der Grotte durchsichtig er scheinen.

Und draußen, in dem freien Raum,
Wo niemals sonst ihr Schritt gewandelt,
Wird plötzlich er gewahr die Mädchen;
Jedoch wie sind sie heut' verwandelt!

Sind das dieselben hehren Jungfraun,
Die sich voll Andacht Gott nur weihen,
Die ihre Nächte mit Gebet
Hinbringen und mit Litaneien?

Wo ist die heil'ge Lieb', die sonst
Verkläret göttlich ihr Gesicht?
Wo ist der geistlich fromme Ausdruck,
Der sonst aus ihren Augen spricht?

Das sind dieselben Mährchen nicht,
Die sich dem heil'gen Kreuz geweiht!
Das sind Bacchantinnen und Nymphen
Aus heidnisch röm'scher Fabelzeit.

Draden, die in Bergen hausen,
Dryaden, die aus Bäumen steigen,
Najaden, die aus Wasserschäumen
Hervor die üpp'gen Leiber neigen.

Sie lassen die Gewande sinken,
Und wiegen nun voll Ueppigkeit
Den schönen Gliederbau im Tanz,
Voll Kunst und edler Fertigkeit.

Die Königin in ihrer Mitte,
Sie überstrahlt auch heut' sie ganz.
Mit ihres Leibes schönern Formen,
Mit ihrer Farben reicherm Glanz.

Der König kann nicht zweifeln mehr;
Es sind dieselben! Seine Braut,
Die heiß er liebt, erkennt er bald,
Doch anders, als er sonst sie schaut'.

Jedoch der König war kein Heil'ger,
D'rum stört der üpp'ge Tanz ihn nicht;
Im Gegentheil, was heut' er sieht,
Ihm unverhoffte Lust verspricht.

Jetzt hört er Töne aus den Kehlen
Der wunderbaren Jungfraun dringen,
Er lauscht dem Päan, den begeistert
Bacchantisch wild die Mädchen singen,

Ein Päan aus der Heidenzeit!
Kein christlich frommes Kirchenlied;
Jed' Wort, von Wollust ganz durchdrungen,
Von mächt'ger Leidenschaft durchglüht.

Ein Lied, wie's auszustoßen pflegte
Der Nymphen und Bacchanten Rotte,
Wenn singend das Geleit' sie gaben
Dem Pan, dem ziegenfüß'gen Gotte.

„Evoë", rufen sie, „dem Pan,
Dem Bacchus winden wir den Kranz
O Satyrn naht! o Bergesfaune
Kommt zu dem mitternächt'gen Tanz!"

Da Faun' und Satyrn noch verziehen,
Auf And'res nun die Mädchen sannen;
Sie schreiten zu Beschwörungen,
Um jene Geister herzubannen.

Die Kön'gin setzt sich auf den Dreifuß,
Der Hecate gleicht ihr Gesicht,
Und bei dem matten Schein des Mondes
Beschwörungsformeln nun sie spricht.

Es lautet schrecklich die Beschwörung,
Und jeden guten Christ käm' an
Ein Schaudern, hörte er die Formel,
Den heidnisch myst'schen Geisterbann.

Verwünschungen auf Alles, was
Dem Christen heilig, spricht sie aus,
Und Lob und Preis den Heidengöttern,
Die aller Christen Schreck und Graus.

Die Venus ruft sie an, Adonis
Und Athis glücklich preist ihr Mund,
Cybele aller Götter Mutter
Ruft sie herbei zum Geisterbund.

Die Nymphen singend sie begleiten,
Ihr wilder Ruf durchdringt die Haine:
„O Satyrn kommt! o Faune naht!
O Bacchus komm! o Pan erscheine!"

Gelungen nun ist die Beschwörung,
Der Geisterbann wirkt wunderbar,
Und aus den Felsen, aus den Wäldern
Naht eine wilde bunte Schaar.

Zuerst die Satyrn langbehaart,
Mit Füßen gleich dem Ziegenbock,
Sie springen wild und wie von Sinnen
Her über Stein und über Stock.

Und Faune, wie sie einst gekannt hat
Das griechisch röm'sche Fabelreich,
Voll Jugend noch, mit blüh'nden Wangen,
Voll Schönheit und voll Kraft zugleich.

Sie sind ein seltsames Gemisch
Des Ideals mit thier'scher Rohheit,
Halb Götter scheinen sie, halb Thiere,
Gehörnt, geschwänzt und doch voll Hoheit.

Jetzt tönt der Flöten schrilles Pfeifen,
Auf jede Harmonie ein Spott,
Und von den Satyrn hergeführt
Erscheint der ziegenfüß'ge Gott.

Es nahet Pan, vor dessen Altar
Verliebte Hirten Weihrauch streuen,
Dem sich in tiefem Waldesdunkel
Die Schäfer und die Nymphen weihen.

Drauf, wie in süßem Rausche taumelnd,
Mit frischen Kränzen in dem Haar
Von Rebenblättern und von Trauben,
Naht der Bacchanten wilde Schaar.

Silen, der ält'ste, führt sie an
Mit seinem Thyrsusstabe krumm,
Es schlingt um seinen feisten Leib sich
Ein üpp'ger Traubenkranz herum.

Bacchanten schreien, mit dem Thyrsus
Sie jubelnd aneinander schlagen,
Wie jetzt ein holder Jüngling naht,
Von einem Panther hergetragen.

Er ist es, Bacchus! einem Weibe
Gleicht fast sein Leib, so weich, so zart;
Doch ist er voller Manneskraft,
Ein Held nach seiner eignen Art.

Er hat die Inder unterjocht,
Ganz Asien fühlt' sein siegreich Walten,
Doch schwer kann er sich selbst beherrschen,
Und wen'ger noch sich g'rade halten.

Den Becher führt er in der Hand,
Das Trinken scheint ihm höchste Pflicht,
Und sein ambros'scher Leib verliert
Gar oft das nöth'ge Gleichgewicht.

D'rum dient ihm Ampelos zur Stütze,
Ein schöner Knabe von zwölf Jahren,
Mit zarten jungfräulichen Zügen
Und langen weh'nden Lockenhaaren.

Dem Gott des Wein's zu Ehren tönt
Ein Chor bacchantisch wilder Lieder,
Durchdringt die weiten Wüsteneien,
Und hallt in Fels und Wäldern wider.

Die Mädchen tanzen mit den Satyrn,
Und mit Silen die Königin,
Die andern schwingen sich mit Faunen
In üppig wildem Tanz dahin.

Wie Wahnsinn wogt das Tanzgewühl,
Ohn' Ziel und alle Mäßigung,
Ein Herensabbath unerreicht,
An Lärm und wilder Unordnung.

Und unharmon'sche Töne sich
Im Chaos aneinanderreihen,
Geheul, Gejauchze und Gepolter,
Gepfeife, Grunzen, Quiken, Schreien.

Doch endlich hat der wilde Taumel
Den höchsten Gipfelpunkt erreicht,
Er muß sich überstürzen, wenn
Der Paroxismus höher steigt.

Da plötzlich schweigt der Lärm, der Streit,
Und wieder friedlich wird die Nacht,
Es überkommt harmonisch Fühlen
Jed' Herz mit wundersüßer Macht.

Und Alle fühlen, gleich dem Kahne,
Getrieben von des Stromes Wogen,
Zu einer unbekannten Macht
Die Brust voll Sehnsucht hingezogen.

Und sie empfinden, daß sie naht,
Die aller Menschen höchste Lust,
Die mit den glühendsten Gefühlen
Erfüllet jede Erdenbrust.

In einer Wolke kommt sie her,
Von rosenrother zarter Gluth,
Von Turteltauben wird gezogen
Der Wagen, d'rin die Holde ruht.

Und Venus nahet, alle Nymphen
Verehren sie als Königin,
Der Schönheit und der Wollust Göttin,
Der Liebe höchste Priesterin.

Schon aus der Ferne hat ihr Blick
Der Männer Herzen all' besiegt,
Und alle Pulse schlagen höher,
Wie nun die Göttin näher fliegt.

Auf ihr ruht jeder Blick mit Liebe,
Auf ihr ruht jeder Blick voll Wonne,
Und Jeder will in ihr erblicken
Sein Ideal, der Schönheit Sonne.

Ja! Jeder sieht in ihr die Schönheit
Im Ideale vor sich stehn;
Doch sonderbar ist's, daß ein Jeder
Die Göttin anders glaubt zu sehn.

Dem Einen scheint sie wie ein Mädchen,
Befangen noch in kind'schen Träumen,
Er sieht sie jungfräulich und zart
Hervorgeh'n aus des Meeres Schäumen.

Dem Andern dünket sie ein Bild
Vollendet reifer Weiblichkeit,
Mit üpp'gen vollen Leibesformen
Voll Wollust und voll Sinnlichkeit.

Der Dritte sieht in ihr die Mutter,
Ein Bild der ew'gen Mutterliebe,
Wie ihren Sohn sie hält umfangen,
Den Gott der feurig glüh'nden Liebe.

Die Mädchen aus der Wundergrotte,
Auch sie sehn an sie voll Entzücken,
Jedoch ein and'res Ideal
In Aphroditen sie erblicken.

Die reine Himmelskönigin,
Venus Urania der Alten,
In deren heilig keuschem Busen
Nur göttliche Gefühle walten,

Denn himmlische Gefühle dennoch
Die Brust der Jungfrauen durchwallen,
Obgleich in dieser Nacht die Mädchen
Dem grausen Geisterbann verfallen.

Und nicht wie ihre Festgenossen
Die Schönheit sinnlich sie verstehen,
Obgleich mit Faunen und mit Satyrn
In schnödem Tanz sie heut' sich drehen.

Ganz anders aber scheint den Satyrn
Der Schönheit höchstes Ideal,
Das Weib, das sie erwählen, sei
Sinnlich und wollüstig zumal.

Nicht allzujung, mit großem Mund,
Mit Schenkeln, die sich üppig wiegen,
Mit Augen voller thier'scher Brunst,
Mit langen Brüsten, wie die Ziegen.

Die Faune sehen in der Göttin
Ein Mädchen mild, wie sie, gesinnt,
Mit festen, frischen, kräft'gen Formen,
Ein leckes, munt'res, derbes Kind.

In der Gestalt der Liebesgöttin
Sieht Jeder so ein and'res Bild,
Und Jeder schaut in ihr versinnlicht,
Was seiner eignen Brust entquillt.

Auch Ismael erkennt die Göttin,
Doch kann er nur in ihr erblicken
Ein zweites Ich von seiner Braut,
Ein Doppelbild will ihn entzücken.

Jetzt sieht er, wie vom Tanz ermüdet,
Die Satyrn, Faune, Nymphen, Frauen,
Sich um den Thron der Göttin lagern
Und unverwandt zu ihr nur schauen.

Es scheint ein Gottesdienst der Schönheit,
In dem das Auge Priester ist;
Mit ihm beschließt die Wundernacht,
Verstrichen ist der Geister Frist.

Und schwächer, immer schwächer werden
Die Schatten, die der König sieht,
Bis endlich alle hat verwischt
Das Morgenroth, das golden glüht.

VII.

Der Tag bricht an, der König denkt
An das Gesichte, das verschwand;
Zwar, was er sah, mißfiel ihm nicht,
Jedoch nicht faßt es sein Verstand.

Die Theure, die er innig liebte,
Um deren Bündniß er gefreit,
Sie schien bisher nur heilig ihm,
Nur ernsten Handlungen geweiht.

Jetzt sah er sie im Festesjubel,
Im heidnischen Bacchantentanz,
Geschmückt, wie die antike Venus,
Mit heiterm Lebens Strahlenglanz.

Die Sinne freu'n sich am Gesicht,
Das heut' an ihm vorüberschwand,
Obgleich im Bild, wie früher er
Sie sah, sein Geist mehr Labung fand.

Er liebt sie ernst, er liebt sie heiter,
Er liebt ihr doppeltes Gesicht;
Jedoch den Gegensatz der beiden
Zusammenreimen kann er nicht.

Wie hin und her bedenkt und sinnt
Sein Geist, des Forschens niemals satt,
Da sieht er, daß die Sonne schon
Am Himmel sich erhoben hat.

Und in der Grotte ist es Tag,
D'rin sieht er voll Bewunderung,
Die Mädchen weih'n sich, wie gewöhnlich,
Unschuldiger Beschäftigung.

Er sieht auch heute, wie gewöhnlich,
Voll Schönheit blüh'n die Königin,
Er liest in ihrem Aug' dieselbe
Vernunft, denselben frommen Sinn.

Er sieht ein Strahlendiadem,
Das ihrem Antlitz licht entwallt,
Er fühlt dieselbe Liebesmacht,
Die ewig jung und ewig alt.

Gefühle eilt er zu gestehen,
Die mächtig ihm die Brust durchbeben;
Denn abgelaufen ist die Frist,
Die ihm die holde Braut gegeben.

Er kniet vor ihr, sie hebt ihn auf,
Erhörung wird ihm zum Gewinn,
Und Ismael drückt an sein Herz
Als seine Braut die Königin.

VIII.

Indessen war des Königs Hauptstadt
Beraubt des Herrschers, der sie ehret,
Es wußte Niemand, wo er weilte,
Und Niemand, wann er wiederkehret.

Zur Rückkehr gaben ihm die Großen
Des Landes ein'ge Tage Zeit,
Jedoch am Ende waren sie
Zu neuer Königswahl bereit.

Sie wählten einen ihrer Brüder,
Und dieser nahm Besitz vom Thron,
Des Königs Reich und Schätze wurden
Des neuen Herrschers reicher Lohn.

Es erbt' der neue König nicht nur
Des alten Länder, Tlemsens Gauen,
Nein! seine Sclaven erbt er auch
Und seinen Harem voller Frauen.

Die Mädchen, die sonst Alles thaten,
Des Königs Gunst sich zu erwerben,
Vergaßen bald ihn und bemühten
Sich um die Gunst von seinem Erben.

Dieselben schmachtend süßen Blicke,
Dieselbe traute Zärtlichkeit,
Dasselbe schmeichelnd weiche Schmiegen
Voll Lust und voller Ueppigkeit.

Der neue Fürst war alt und häßlich,
Doch fanden ihn die Mädchen schön;
Bei seinem Anblick schienen sie
Vor Liebessehnsucht zu vergeh'n.

Solch' holder Eifer rührt den Herrscher,
Und da die Mädchen schön und jung,
So hört er gern ihr Fleh'n und zeigt
Sich dankbar ihrer Huldigung.

So war kein Monat noch verstrichen,
Seit Ismael verschwunden war,
Und schon gehörte andrer Liebe
Ganz seiner Frauen eitle Schaar.

O wandelbarer Sinn der Frauen!
Geschlecht voll Unbeständigkeit!
Gedenkend nur des ird'schen Vortheils,
Des Putzes und der Eitelkeit!

Doch gleichen alle Frauen diesen?
Nein! Anders war die holde Maid,
Die Ismael in jener Grotte
Gefunden hatte und gefreit.

Kalagatha, so hieß der Name
Der auserwählten Königsbraut:
Die Schöne und die Gute will
Bedeuten dieses Namens Laut.

Kaum hat Sid' Ismael ihr Wort,
Daß sie die seine werd', erlangt,
Als es den Herrscher nach der Heimath
Mit seiner Braut zu ziehn verlangt.

Dem neuvermählten Königspaare
Der Wundergreis den Segen spendet,
Dann schickt der Brautzug sich zur Reise,
Gen Tlemsen seine Schritte wendet.

Die Mädchen folgen ihrer Herrin,
Der sie ergeben ganz und gar;
Die Grotte bleibet öd' und einsam,
Verlassen von der holden Schaar.

Zwar ungern meiden sie die Grotte,
Und nur auf höheres Geheiß,
Mit Thränen nehmend von ihr Abschied,
Drauf folgen sie dem Wundergreis.

Es naht der schöne Zug der Hauptstadt:
Doch angelangt an ihren Thoren,
Vernimmt der König, daß die Herrschaft
Des Landes sei für ihn verloren,

Ein fremder Mann in seinem Reich,
Der Herr und Fürst geworden war,
Und ihm bleibt nur, ihn zu bekämpfen
Ein Greis und eine Mädchenschaar.

Von seinen einstigen Vasallen
Will Niemand ihm zu Hülfe kommen;
Doch wo die ird'sche Hülfe fehlt,
Da retten Wunder oft den Frommen.

Ein Pulver, weiß wie Schnee, der Greis
Dem König reicht, indem er spricht:
„Dies Pulver streue Deinen Feinden,
Wenn sie Dir nahen, in's Gesicht.

„Tritt ohne Waffen nur entgegen
Den Schaaren, die Dich wild bekriegen,
Der Glaube kann allein Dich retten;
Wenn Du vertraust, so wirst Du siegen."

Der König hört es und vertraut
Dem Wort des wunderbaren Alten,
Er eilt entgegen seinem Feind,
Beschirmt von zaub'rischen Gewalten.

Die Feinde spotten, wie sie seh'n
Die Mädchenschaar, die friedlich wandelt,
Doch eilig wird in bitt'res Weh
Der Hohn der Stolzen umgewandelt.

Der König streut das Pulver aus,
Es wanket nicht sein gläub'ger Sinn,
Und welchen Feind das Pulver trifft,
Der sinkt im Staube todt dahin.

Als todt die Rädelsführer waren,
Da legt' sich aller Widerstand,
Und bald ward von der ganzen Stadt
Der König wieder anerkannt.

Nach dem Palast mit seiner Braut
Zu zieh'n schickt er sich an zur Stelle,
Doch eine seltene Ueberraschung
Erwartet ihn an dessen Schwelle.

Die Frau'n des Harems kaum die Nachricht
Vom Tod des neuen Königs hören,
Als sie aufs Neue ihrem einst'gen
Gebieter wollten angehören.

Und auf das Andenken des Todten
Schimpfreden nur und Spott sie häufen,
Wie sie sich so verblenden konnten,
Das wollen sie nicht mehr begreifen.

Er war gewiß so alt und häßlich,
Wie's einen Menschen geben kann;
Wie konnten sie sich so vergessen,
Zu lieben einen solchen Mann?

Das fragen sie sich nun mit Staunen;
Auf einmal wird es ihnen klar,
Daß ihre Liebe eigentlich
Doch stets für Ismael nur war.

D'rum zieren sie und putzen sich
Mit Gold und Seide, Schmuck und Kranz,
Sie färben dunkel ihre Wimpern,
Und Schminke giebt den Wangen Glanz.

So vor der Schwelle des Palastes
Des Königs Blicken sie sich zeigen,
Und vor dem Herrscher voller Demuth
Die schönen Häupter sie verneigen.

Als Ismael die Schöne schaut
Inmitten in des Volks Gewühle,
Da wacht in seinem Busen auf
Erinn'rung feuriger Gefühle.

Er denkt der heißen Liebesseufzer
Der Mädchen, die jetzt vor ihm stehn,
Er denkt der Wollust süßer Siege,
Die einst des Harems Saal gesehn.

Doch wie er wirft den Blick zurück
Nach Jenen, die ihn hold begleiten,
Da tritt mit scharfen Farben ihm
Hervor der Unterschied der Beiden.

Hier Sinnlichkeit, dort geistig Feuer,
Dort Seelenlust, hier thier'sche Brunst,
Hier eitler Putz, dort reine Schönheit;
Es schwankt nicht mehr des Königs Gunst.

Die eitlen Frauen schließt er aus;
Und nun nimmt auf des Harems Saal
Kalagatha als Königin
Und ihrer Dienerinnen Zahl.

Voll Staunen sehn die Unterthanen
Der neuen Königin Gestalt,
So voller Ernst und voller Hoheit
Und doch voll solcher Lieb'sgewalt.

Gleichwie die Sonn' die Erd' umfängt
Mit ihrer Strahlen holdem Kranz,
Und alle Menschen dankbar sind
Für ihre Wärme, ihren Glanz;

So freuten sich die Unterthanen
An ihrer Herrin Licht und Pracht,
Es tönte überall ihr Lob,
Und Jeder pries der Schönheit Macht.

Der König schätzt sich überglücklich,
Und, dankbaren Gefühles voll,
Befiehlt er, daß den Wundergreis
Ein Sklave vor ihn führen soll.

Der Greis erscheint. Der König spricht:
„Dir dank' ich Alles, meinen Thron,
Mein Weib, mein eigen Selbst, nun wähle,
Was heischst Du als der Wunder Lohn?"

Jedoch der Greis spricht: „Lohn begehre
Ich niemals; eins empfehl' ich nur,
Daß stets Du im Gedächtniß tragest
Den abgelegten heil'gen Schwur,

„Daß nie Du forsch'st, wer Jene sei,
Daß Du ob ihrer Ruhe wachest,
Und daß von ihrem heil'gen Glauben
Abspenstig niemals Du sie machest."

Der Königs schwört's und kaum gesprochen
Hat zu dem Alten er das Wort,
So tragen dichte Wolkenschleier
Den Wundergreis vom ird'schen Ort.

IX.

Der Ruh' genoß nun Ismael
Nach dem verhängnißvollen Strauß;
Es blüht sein Reich und Freude herrscht
In seinem königlichen Haus.

In sein Gemüth zieht ein der Frieden,
Sein Herz umfängt ein süßes Band,
Die Liebe offenbart sich ihm,
Wie er sie früher nie gekannt.

Er, der sonst stets im Reich der Liebe
Erob'rung an Erob'rung reiht',
Er fühlet plötzlich, daß die Treue
Allein der Liebe Werth verleiht.

Nur Eine liebt er jetzt, die andern
Sind der Erinn'rung kaum verwebt,
Kalagatha, für sie allein
Er denkt und handelt, fühlt und lebt.

Wie einst dem Unbestand er fröhnte,
Das scheint ihm unbegreiflich jetzt,
Und durch der Wollust eitles Treiben
Wird nun sein sein Zartgefühl verletzt.

Und jede Stunde, die der Sorge
Er für sein Reich nicht widmen muß,
Hin bringt er mit Kalagatha
In süßer Mittheilung Genuß.

Sie schließt ihm auf ihr reich Gemüth,
Voll Schwungkraft, Liebe, Treu' und Reine,
Und Schätze findet er darinnen,
Die kostbarer als Edelsteine.

Im Herzen nährt sie eine Flamme,
Die stammt vom Glauben, der ihr theuer,
Und diese Flamme lodert auf,
Erwärmt die Welt mit ihrem Feuer.

Dem König wird so wohl ums Herz,
Wenn sie ihm naht, so hold und zart,
Er fühlet überird'sche Lust
Zugleich mit ird'scher Lieb' gepaart.

Je länger er mit ihr vereint,
Je mehr sein einstig Thun ihn reuet,
Und heil'ge Lehren saugt er ein,
Sein Herz wird wunderbar erneuet.

So ward der König edler, besser,
Wenn er auch nicht die Wahrheit fand,
So ward doch seines Geistes Richtung
Den heil'gen Sphären zugewandt.

Zwar ihn bekehrte nicht die Schöne,
Denn fest wie Eisen, hart wie Erz
Ist eingeprägt ein andrer Glaube
In jedes Muselmannes Herz.

Doch wollt' trotz seiner Priester Einwand
Er andern Gottesdienst erlauben,
Und ungestört ließ seine Gattin
Er üben ihren eignen Glauben.

Dieß muß schon Selbstverläugnung scheinen
Jedwedem, der den Eifer kennt,
Mit dem der Muselmann für seinen
Unduldsam strengen Glauben brennt.

Doch, war auch nachsichtig der König,
Wie's kaum zu sein ein Moslem lernt,
So waren seine Unterthanen
Von solcher Nachsicht weit entfernt.

Es sah'n die frommen Muselmänner
Voll Schaudern, Zorneswuth und Grauen,
Im Innern der Palaststadt
Ein kleines Kirchlein sich erbauen,

Und aus dem Kirchlein hörten sie
Zu ihrem Abscheu Glockenklang
Erschallen und mit Wuth erfüllt sie
Der Mädchen heller Kirchgesang.

Schon dünkt es ihnen, daß dem Islam
Nun droh'n die ernstesten Gefahren;
Um solchem Uebel abzuhelfen
Sie zu Versammlungen sich schaaren.

Sie rathen hin, sie rathen her,
Doch endlich überein sie kommen,
Es sollten ihrer zehn zum König
Geh'n als Gesandtschaft aller Frommen.

Doch die Gesandtschaft kehrt zurück,
Ohn' daß sie ihren Zweck erreichen
Beim König konnt', es will der Fürst
Von seinem Schwur und Wort nicht weichen.

Vom Wort, das er dem Alten gab,
Daß nie er suchen werd', zu rauben
Kalagatha und ihren Mädchen
Den heil'gen, angestammten Glauben.

Was der Gesandtschaft nicht geglückt war
Und gutes Wort nicht konnt' vollbringen,
Das möchten sie ertrotzen nun,
Durch Aufruhr von dem Herrn erzwingen.

Sie rotten sich im Sturm zusammen,
Mit Schwert und Speer, zu Fuß, zu Roß,
Und zieh'n in wilder Rebellion
Nach ihres Königs hohem Schloß.

Und da die Diener des Palastes
Fast alle ihnen gleichgesinnt,
So kommt's, daß ohne Kampf das Volk
Den Eingang in das Schloß gewinnt.

Den König eilen sie zu suchen,
In's Inn're stürmt ihr wilder Hauf,
Doch vor dem Königssaal da hemmt
Ein Wunder plötzlich ihren Lauf.

Denn, wie am Kirchlein sie vorüber
Zum Innern des Palastes dringen,
Da plötzlich bleibt die Menge stehn
Gebannt und lauscht der Mädchen Singen.

Umsonst sie wollen weiter dringen,
Ein Zauber hemmt ihr wildes Heer,
Die Füße ruhen wie versteinert,
Die Arme rühren sich nicht mehr.

So festgebannt bleibt nun die Menge,
Nichts kann den Zauberbann bezwingen,
So lang' der Mädchen Singen währt,
Kann Nichts sie von der Stelle bringen.

Die Kön'gin hört, daß mit Gefahr
Dieß Volk bedrohte ihren Gatten,
Befiehlt den Mädchen, Tag und Nacht
Im Singen nimmer zu ermatten.

Um der Ermattung vorzubeugen,
Der Mädchen Chor in zwei sich theilet,
Und während ruht der eine Chor,
Der and're in der Kirche weilet.

So tönt nun Tag und Nacht ihr Singen,
Das der Rebellen Schritte hemmt,
Und Tag und Nacht des Aufruhrs Wogen
Der Zauberbann zurücke stemmt.

So unbeweglich die Rebellen
Im Schlosse ein'ge Tage standen,
Bald hungert' sie und immer ärger
Des Fastens Qualen sie empfanden.

Da brachen ihren Trotz und Stolz
Zuletzt des Hungers bitt're Wehen,
Und sie begannen roller Demuth
Des Königs Gnade anzuflehen;

Und sie versprachen, daß in Zukunft
Sie wollten treu sein als Vasallen,
Daß gut sie wollten Alles heißen,
Was ihrem Herrscher mög' gefallen;

Daß Allem, was der König thue,
Sie niemals wollten widerstreben,
Und daß im Dienste ihres Herren
Verfließen sollt' ihr ganzes Leben.

Der König ließ die Menge schwören
Beim Koran, der des Islams Schild,
Er wußte wohl, daß Muselmännern
Kein and'rer Schwur für heilig gilt.

Sie schwuren es, obgleich nicht gerne;
Ein and'rer Eid sich leichter bricht,
Nur jener, den der König heischte,
Der ließ so leicht sich brechen nicht.

Doch schwuren sie, damit ihr Leib
Aufs Neu' sich nähre und bewege,
Und Ismael bat nun die Mädchen,
Daß ihr Gesang verstummen möge.

Sie schweigen und auf einmal sah
Sich frei vom Zauberbann die Schaar,
Der sie mit Unbeweglichkeit
Geschlagen hatte wunderbar.

Doch, weit entfernt gen Ismael
Sich nun zu zeigen dankesvoll,
Erfüllt nur Bitterkeit ihr Herz
Und ihre Seele Trotz und Groll.

Indeß es bindet sie ihr Schwur,
Zum Frieden zwingt sie das Geschick,
Und mit verhaltnem Grolle kehren
Sie wieder nach der Stadt zurück.

Jedoch sie hoffen, daß der List
Vielleicht der König möchte weichen,
Und was sie nicht erzwingen konnten,
Durch Schlauheit wollen sie's erreichen.

Und während sie die List berathen
Und lang' das Rechte finden nicht,
Da tritt ein alter Mufti auf,
Der zu dem Haufen also spricht:

„O fromme Gläubige! uns Allen
Ist eine Sache völlig klar,
Daß unsre heil'ge Religion
Bedroht die ernsteste Gefahr.

„Die Mädchen, die der König hat
In seinen Harem aufgenommen,
Wer sind sie? Woher stammen sie?
Von welchem Ort sind sie gekommen?

„Ihr Ursprung scheint uns noch ein Räthsel,
Nur Eines können wir beschwören,
Daß Gläub'ge nicht die Mädchen sind,
Und daß den Christengott sie ehren.

„Ihr wißt, daß einst in unserm Land
Die Christen die Beherrscher waren,
Doch ward ihr Glaube ausgerottet
Vor ungefähr dreihundert Jahren.

„Und in dem ganzen Lande ließ
Man keine Christen mehr am Leben,
Und Jeder litt Verbrechertod,
Wer jenem Glauben war ergeben.

„Wie können jene Mädchen, wenn
Sie Töchter dieses Reiches sind,
Im Christenthum erzogen sein,
Dem feindlich unser Land gesinnt?

„Und dennoch sind sie Christinnen.
Kein and'rer Glaube ist der ihre,
Und die Gefahr ist, daß ihr Beispiel
Zum Abfall manches Herz verführe.

„So giebt's in unserm Lande Christen?
Denn manch untrüglich Zeichen kündet,
Daß jene nicht vom Ausland kamen,
Wie ich es habe wohl ergründet.

„Aus unserm Lande stammen sie,
So kündet's Sprache, Sitt' und Art;
In irgend welch' verborgnem Winkel
Hat sie ein Wunder aufgespart.

„Unzweifelhaft jedoch erscheint mir,
Dieß ging nicht zu mit rechten Dingen;
Ein Zauber ist's! nun gilt es Rath,
Um diesen Zauber zu bezwingen.

„Wohl möchten uns Gebete helfen,
Doch dürfen wir uns nicht verhehlen,
Daß die Gebete auch zuweilen
Vollkommen ihren Zweck verfehlen.

„Zwar mächtig scheinet dieser Zauber
Und leicht nicht wird er überwunden,
Wie heute noch wir selbst im Schlosse
Zu unserm Nachtheil es empfunden.

„Jedoch es handelt sich darum,
Von welchem Geist er sei entflammt,
Ob er ein höll'scher Zauber, oder
Ob er aus bess'rer Quelle stammt.

„Natürlich denkt das Letzt're Niemand
In guten muselmänn'schen Kreisen:
Ein höll'scher Zauber muß es sein,
Und dieses müssen wir beweisen.

„Den König gilt's zu überzeugen,
Daß ihn ein höll'sches Zauberband
Umstrick' und daß die Mädchen sind
Dem Teufel und der Höll' verwandt.

„Zwar liebt der Fürst, wird schwer uns glauben,
Jedoch der Eifersucht oft weicht
Die Lieb'; erwecken jene wir,
So haben wir schon viel erreicht.

„Wohl gilt ein Muster aller Treue
Des Königs neu vermählte Braut,
Doch kann die Freiheit oft verführen
Ein Weib, dem man zu viel vertraut.

„Der Fürst der muselmännschen Sitte
Zuwider, streng sie nicht bewacht,
Nun gilt's der Schönen nachzuspüren,
Was sie mit ihrer Freiheit macht.

„Laßt einen Kundschafter uns senden,
Der stets ihr folg' geheim, verkappt,
Vielleicht, daß er des Königs Frau
Auf einem Fehltritt doch ertappt.

„Doch sollte ihrem Gatten treu
In allen Thaten er sie sehen,
So laßt uns jedes Skrupels trotzend
Zu andern Mitteln übergehen.

„Den Christen gegenüber ist's
Nicht unerlaubt, zur List zu schreiten,
D'rum senden wir den schönsten Jüngling,
Der sie zum Treubruch mög' verleiten.

„Wenn sie den schönen Knaben sieht,
Vielleicht daß sie sich ihm ergiebt,
Und jedenfalls kann die Gewalt
Sie zwingen, wenn sie ihn nicht liebt.

„Geheime Zeugen lauern auf dann,
Damit Beweise wir erlangen,
Daß gegen ihren Herrn und Gatten
Sie einen Treubruch hab' begangen.

„So machen wir des Königs Herz
Durch Eifersucht von Liebe frei,
Und dann wird er gewiß erkennen,
Daß jener Zauber höllisch sei,

„Dann treffe Folter, Qual und Tod
Die Mädchen, welche sich erlauben,
Den Gott des Islams zu verschmähen,
Zu dienen einem andern Glauben."

So sprach der Mufti und die Andern,
Bewundernd die Beredsamkeit,
Belobten seinen Glaubenseifer
Und priesen seine Frömmigkeit.

Sie billigten und hießen gut,
Von Furcht und Skrupeln nicht befangen,
Die Mittel, die der Mufti vorschlug,
Zum heil'gen Zwecke zu gelangen.

Um ihre Religion zu retten,
Mit Muth und List und ohn' Verzagen,
Nun schritten sie zur Ausführung
Des Plans, der ihnen vorgeschlagen.

Des Mufti's Plan war doppelt: einer
War listig schlau, der andre keck,
D'rum war's auch nöthig auszuwählen
Zwei Männer zu dem Doppelzweck.

Zuerst galt's den Spion, der folgen
Der Kön'gin sollte, auszuwählen,
Schwer war's nicht, gab's doch Ueberfluß
An feilen, schmutzgebornen Seelen.

Doch unter allen feilen Seelen,
Die Tlemsen in den Mauern zählte,
War Einer ganz besonders listig
Und diesen eilig man erwählte.

Ben Brahim hieß der feile Wicht:
D'rauf gilts mit Klugheit aufzuspüren
Den andern Jüngling, welcher sollte
Die schöne Königin verführen.

Man wählte Hassan, dessen Schönheit
Des Lobs Tribut ein Jeder zahlte,
Der weit und breit die Jünglinge
An Kraft und Anmuth überstrahlte.

Und diese Beiden schickt man aus
Im Dienste ihrer Religion,
Den als Spion, den als Verführer,
Versprechend ihnen Ehr' und Lohn.

X.

Ben Brahim, der Spion, begann
Sein Handwerk mit des Mufti's Segen,
Er schlich der schönen Fürstin nach
Auf jedem Schritt, auf allen Wegen.

Denn ihr war nicht, wie Islams Frauen,
Verboten jede freie Regung,
Im Gegentheil! der König ließ
Ihr volle Freiheit der Bewegung.

Der König kannt' den Unterschied,
Der zwischen ihr und andern Frauen,
So ehrte er sich selbst und zeigte
Auch seiner Gattin mehr Vertrauen.

D'rum ging sie frei wohl ein und aus,
Wie's ihr beliebt', nach eigner Wahl,
Und überall, wohin sie ging,
Folgt ihr der Mädchen treue Zahl.

Des Morgens gingen sie zum Kirchlein,
Um kindlich fromm zum Herrn zu flehen,
Ben Brahim folgte ihnen nach,
Doch konnt' nichts Böses dort er sehen.

D'rauf eilten sie zurück zum Schlosse,
Dort konnte Brahim folgen nicht,
Und stundenlang stand an dem Thor
Erwartend sie der feile Wicht.

Als dann die Fürstin wiederkehret,
Zur niedern Stadt hinabzugehen,
Da eilt er nach und hofft, daß bald
Was Strafbares er werde sehen.

Jedoch wie sehr ist er enttäuscht,
Als er nunmehr erblicken muß,
Daß Arme sie und Kranke pflegt
In süßen Wohlthuns Vollgenuß.

Daß sie der Reichen Häuser meidet,
Bei armen Frauen kehret ein,
Und daß sie nur Vergnügen findet,
Des Leidens Trösterin zu sein.

Und wo sie geht und wo sie wandelt,
Spricht sie mit keinem einz'gen Mann,
Und der Spion will fast verzweifeln,
Daß gar Nichts er entdecken kann.

Wenn von den Armen dann die Mädchen
Zum Königsschloß zurücke kehren,
Im Kirchlein beten sie und lauschen
Auf's Neu' des Glaubens frommen Lehren.

Nach dem Gebet wird dann der Abend
Zu stiller Arbeit oft genommen,
Und der Spion steht vor dem Thor
Und wüthet, weil sie nicht mehr kommen.

Bei solchem stillen, frommen Thun
Einförmig jeder Tag verrann,
Und der Spion konnt' nicht entdecken,
Was ihrem Rufe schaden kann.

Doch gab er nicht die Hoffnung auf,
Wollt' emsig bei dem Handwerk bleiben,
Denn ein Gerücht ging in dem Volk
Von einem wunderbaren Treiben.

Man sagt', ein Hirte sah die Mädchen
In einer Nacht, durchtost von Wettern,
Bacchant'sche Tänze feiern mit
Des Heidenthums erstand'nen Göttern.

Denn einmal monatlich, so hieß es,
Verließ des Nachts der Mädchen Schaar
Des Königs Schloß und eilt' in's Freie
Zu selt'nen Thaten wunderbar.

In solcher Nacht möcht' der Spion
Die Königin belauschen gern;
Indeß der Monat war noch lang' nicht
Vorbei, die Geisternacht noch fern.

So lassen wir den Schurken warten,
Und daß sich nicht die Zeit verliert,
Laßt seh'n uns, was der and're Bote
Des Mufti's hat bis jetzt vollführt.

Der Jüngling, den erwählt man hatte
In der Moschee, an heil'ger Schwelle,
Dazu, damit mit seiner Schönheit
Der Königin er Fallen stelle,

Der schöne Hassan! dessen Anblick
Jed' schwaches Mädchenherz bestrickt',
Es hatten Tlemsens Gaue nie
Noch einen schöneren erblickt.

Er war in seiner Art vollkommen,
Vollendet, herrlich, wonniglich,
Obgleich er nicht dem Ideal
Der Schönheit bei den Alten glich.

Die Alten dachten sich die Schönheit
Des Jünglings nah' der Weiblichkeit,
Vollendet zwar an Formenreinheit,
Doch voller weib'scher Weichlichkeit.

Adonis und Apoll an Mannheit
Dem afrikan'schen Jüngling wichen,
Und der Antinous erschien
Ein Mädchen, wenn mit ihm verglichen.

Er blüht voll Jugend und noch nicht
Des Bartes Fülle ihm das Kinn
Bedeckt, jedoch ein zarter Flaum
Verkündet schon den Mannessinn.

Die Farbe seiner Haut war bräunlich,
Von zartem, ros'gem Hauch durchdrungen,
Um seine Schultern hatte sich
Ein schwarzer Lockenwald geschlungen.

Es schoß hervor der Liebe Pfeile,
Wie glüh'nden Herzen sie entstammen,
Sein Auge, wie die Kohlen schwarz
Und brennend wie die Feuerflammen

Jedoch es strahlten nicht blos Flammen
Aus diesen Augen in die Welt,
Es lag auch Schelmisches darin,
Wie's manchen Frauen wohlgefällt.

Es sprach ein faunisch üpp'ger Ausdruck
Aus seines Auges schelm'scher Tücke,
Der oft die Frauen mehr verführt,
Als Ernst und Hoheit in dem Blicke.

Des Antlitz' mittleres Organ
Schien angelegt nach laun'scher Wahl,
Die Nase war nicht grad gebogen,
Wie der Antiken Ideal.

Nein! sie erschien leicht abgestumpft,
Wie an den Faunen wir sie sehen,
So drückt sie Keckheit aus und List,
Die oft im Dienst der Liebe stehen.

Es lag viel Kraft und Männlichkeit
In seines Gliederbaues Pracht,
Doch üppig wiegt sein Körper sich,
Und Grazie spiegelt seine Tracht.

Ein solcher Jüngling ward erkoren,
Die schöne Fürstin zu besiegen,
Den Muselmännern schien es klar,
Daß sie ihm müsse unterliegen.

Denn alle Frauen, die bisher
Den holden Hassan nur gekannt,
Sie waren gleich im Augenblick,
Da sie ihn sahn, in Lieb' entbrannt.

Doch daß des Knaben Schönheit man
Am vortheilhaftesten gewahre,
So riethen ihm die Muselmänner,
Daß ja er keine Zierde spare.

Ihn deckt das maurische Costüm,
Das wohl jedwede Männertracht
Weit übertrifft an Kostbarkeit,
An Grazie und an üpp'ger Pracht.

Von einer goldnen Schärpe wird
Sein Leib umschlungen und geschmückt,
Und seine schöne Brust umgiebt
Ein zierlich Westchen reich gestickt.

Sein Turban bietet Seidenfäden
Verwunden mit Kameeleshaaren,
Ein goldgesticktes feines Hemde
Sein offner Kaftan läßt gewahren.

Ein roth tunisisch Fez erhebt
Sich auf dem üpp'gen schwarzen Haar,
Ein Kleid von rosenrothem Sammt
Bedeckt sein kräftig Schulterpaar.

Die Schuhe sind ein Kunstwerk fast,
Sie schuf ein Meister wohlbeflissen,
Von marokkan'schem Leder fein,
Durchstickt mit Rosen und Narcissen.

Ein zarter weißer Mantel wird
Um diese schöne Tracht geschlungen,
Den bald er senket, bald auch öffnet
Nach freier Laune, ungezwungen.

Natur und Kunst mit ihrer Zierde
Den Jüngling also vorbereiten,
Und alle Grazien scheinen ihn
Auf seinen Pfaden zu geleiten.

Wie Brahim nun beginnt sein Werk
Auch Hassan mit des Mufti's Segen.
Auch er folgt nun der Schönen nach
Wie der Spion, auf allen Wegen.

Jedoch ein großer Unterschied
In seiner Art zu folgen lag;
Nicht heimlich und verstohlen schlich
Der schönen Königin er nach.

Nein! offen zeigt er sich, sowie
Aufthun er sieht des Harems Thüren,
Mit gradem Gang und keckem Schrit
Verfolgt er, die er will verführen.

Bald steht er mitten in dem Pfad,
Den grad' die Königin genommen;
Bald lehnt er sich an einen Baum,
An dem vorbei die Mädchen kommen.

Bald hält er still an der Moschee,
Die auf dem Weg der Schönen liegt,
Am Pfeiler einer Prachtarcade
In üpp'ger Ruh er dort sich wiegt.

Bald, wenn vom andern Flussesufer
Zum Schloß die Fürstin kehrt zurücke,
Erscheint ihr Hassan, hingelagert
An eine Brüstung auf der Brücke.

Bald wenn die Königin sich anschickt,
Zum Frauenbade einzugehen,
Erblickt sie bei den Badedienern
Am Eingange den Jüngling stehen.

Wenn auf den Friedhof dann sie eilet,
Zu beten auf dem Grab der Frommen,
Auch da sieht sie den schönen Hassan
Entgegen ihren Schritten kommen.

Wohin sie geht, wohin sie wandelt,
Er folgt, bedacht auf ihren Fall,
So kann sie ihn nicht mehr vermeiden,
Denn er ist hier und überall.

Ein triumphirend Wesen hat
Der schöne Hassan angenommen,
Er zweifelt keinen Augenblick,
Daß bald er werd' zum Ziele kommen.

Sein Eifer wuchs, es konnte nicht
Ermüden ihn der Mühen Heer,
Denn jenes Werk, das man ihm aufgab,
Ward ihm willkommen täglich mehr.

Was anfangs ihm nur Pflicht, erschienen,
Das dünkt ihm nun ein süßes Spiel;
Die Fürstin seinen glüh'nden Sinnen
Von Tag zu Tage mehr gefiel.

Denn sie war lieblich, niemals hatte
Der Jüngling Schöneres erblickt,
Durch solche Formenreinheit ward
Kein sterbich Auge noch entzückt.

Die Reize dieser holden Fürstin
Weit Andrer Reize überstrahlten;
Auf ihrem lilienweißen Antlitz
Zwei Rosenknospen zart sich malten.

Zwei schwarze Wimpern um das Blau
Der Augen sich gewunden hatten,
Gleich den Cypressen, welche Veilchen
Mit ihrem dunklen Laub beschatten.

Aus diesem Aug' sprach glühend Feuer
Zugleich und engelgleiche Wonne,
An Farbe glich's dem Himmelszelt,
Jedoch an Glanz der gold'nen Sonne.

Es hat der kleine, ros'ge Mund
In holder Rundung sich geschlossen,
Wie der Granate zarte Knospe,
Die in dem früh'sten Lenz ersprossen.

Gleich Diamanten und gleich Perlen
Die kleinen Zähne funkeln licht,
Unübertroffen jeder Zug ist
In diesem holden Angesicht.

Ihr dunkles volles Lockenhaar
Fällt nieder gleich den Cederzweigen,
Die auf beschneite Bergesrücken
Hinab die schwarzen Aeste neigen.

Zwei Schultern, weiß wie Caros Marmor,
Der offne Kaftan offenbart;
Ihr Nacken schien aus Meeresschäumen
Gebildet, glänzend, weich und zart.

In ihrer Schönheit hehrem Wesen
Ein zwiefach Element erscheint,
Natur und Geist sich hier verbinden,
Vernunft mit Schönheit sich vereint.

Natur und Geist, die sonst sich stets
Im Reich der Religion bekriegen,
Sie finden beide ihren Ausdruck
Gepaart in dieses Weibes Zügen.

Es schuf Natur sie, gleich der Venus,
Mit ird'schen Reizen ausgeschmückt,
Doch hat ihr Gott den geist'gen Ausdruck
Einer Madonna aufgedrückt.

Wie die antike Göttin edel,
Vollendet ist ihr Angesicht,
Jedoch ein überirdisch Feuer
Aus den verklärten Zügen spricht.

So scheinet Alles, was erhaben
Im class'schen Heidenthume war,
Vereint in ihr und doch verklärt
Durch höh'ren Glauben wunderbar.

Und Lügen strafte nicht ihr Aeuß'res,
Ihr Inn'res glich dem schönen Kleid,
Denn ihre Seele war voll Unschuld,
Voll Reinheit, Lieb' und Göttlichkeit.

Und Mancher, der sie sieht, verehret
Den geist'gen Ernst in ihren Blicken,
Muß jedes sinnliche Gefühl
In seinem Busen unterdrücken.

Jedoch in Hassans Busen konnte
Nichts Geistiges ihr Blick erwecken:
Wer selbst nicht geistig ist gesinnt, —
Der kann auch Geist'ges nicht entdecken. —

Nein! Hassans Blick war noch nicht reif;
Noch deckte ihn der Sinnen Nacht;
Er sah in ihr die Schönheit nur,
Der körperlichen Reize Pracht.

Ja! gleich den meisten Sinnenmenschen,
Ruht auch sein Auge nur voll Gier
Auf dieser Reize äußerm Schmuck,
Der prächtigen Gewande Zier.

Denn vor zieht ein geputztes Weib
Der Mensch oft, der voll Sinnlichkeit,
Ob auch die ungeschmückte Schönheit
Mehr Reiz besitzt in Wirklichkeit.

So Hassan! Für die Fürstin, welche
Ihm reichgeschmückt erscheint, er schmachtet;
Im einfach leinenen Gewand
Hätt' er vielleicht sie kaum beachtet.

Die Schöne hat die Tracht geändert,
Seit in des Königs Schloß sie lebte,
Sie trägt nicht mehr die zarte Toga,
Die weit und wallend sie umschwebte.

Statt des antiken Kleides, das sie
Getragen, eh' sie noch vermählet,
Hat sie die Tracht der Maurinnen
Auf ihres Gatten Wunsch erwählet.

Ein weißes, bausch'ges, reiches Hemde
Ist ihres Leibes erste Hülle,
Das, d'rübergleitend los' und locker,
Verräth der Formen üpp'ge Fülle.

Und über diesem Hemd befestigt
Ein Westchen sie nach maur'scher Sitte,
Die Frimlah heißet dieß Gewand;
Ein Kleid von wunderlichem Schnitte.

Es scheint so niedlich und so klein,
Als wär's für Kinder nur gemacht,
Und dennoch steht's erwachs'nen Frauen
Zum besten bei der maur'schen Tracht.

Vier gold'ne Bänder vorn umschlingen
Die Brust der schönsten der Gestalten,
Sie rahmen ein das bausch'ge Hemde,
Und fassen es in kräft'ge Falten.

Sonst läßt dieß Kleid den Busen frei,
Den Rücken aber deckt ein Schild
Von Goldbrocat und Edelsteinen,
Der klein und zart als Schmuck nur gilt.

Und, über dieß Gewand gezogen,
Des Schauers Aug' entzückt erblickt:
Ein Röckchen ganz von Sammt und Seide,
Mit Gold und Silber reich durchstickt.

Der Sammet dieses Röckchens ist
Von zarter Farbe, gleich der Blüthe
Des Pfirsichbaumes, die im Mai
Im ersten Lenzesstrahl erglühte.

Mit Gold durchstickt sind Brust und Rücken,
Ein Meisterstück erscheint der Kragen,
Die feinsten schlanken Arabesken
Sind auf den Sammet aufgetragen.

Den Leib umschlinget eine Schärpe
Vom feinsten Shawlk aus Kaschmir,
In ihre Wolle eingewoben
Ist reicher Edelsteine Zier.

Ein Kleid, der Männertracht entlehnet,
Der Schenkel weichen Bau umschlingt,
Das in harmon'schen vollen Falten
Bis zu den Knieen niedersinkt.

Ein Schuh, vom Leder Cordova's,
Durchstickt mit Perlen, hält umschlossen
Den Fuß, der von der zarten Röthe
Des Hannah's scheinet übergossen.

Und diese schönen Leibesformen,
Und die Gewande köstlich, theuer
Umhüllet, wogend wie die Wellen,
Ein durchsichtiger, syr'scher Schleier.

Es läßt der Schleier wohl gewahren
Ihr Kleid, des Halses reich Geschmeide,
Und deutlich siehst du ihre Schönheit
Durch seine zarte, weiße Seide.

Der Schönen folgend, war nun Hassan
Sie standhaft, stets zu sehn, beflissen;
So war's kein Wunder, daß er bald
Von Liebe ganz ward hingerissen.

Zwar war am Anfang seine Liebe
Den edleren Gefühlen fern,
Doch schlummert schon in seinem Herzen
Der bessern, höh'ren Liebe Kern.

Im Anfang, wenn am Fluß die Fürstin
Sich manchmal zeigte seinem Blicke,
Wenn er sich triumphirend lehnte
An einen Pfeiler auf der Brücke,

Und seine schönen dunklen Augen
Voll von verzehrend heißen Gluthen,
Vom Sinnentaumel angefacht,
Auf der geliebten Schönen ruhten,

Dann glaubt' er oft, es würde leicht
Sein Blick der Fürstin Herz besiegen,
Sie müsse seiner Liebe Allmacht
In holder Wollust unterliegen.

Jedoch er täuschte sich gar sehr:
Nicht Lust konnt' ihre Brust durchwühlen,
Die Königin war weit entfernt,
Der Sinne glüh'nde Macht zu fühlen.

Sie hält des Jünglings Blicke aus
Mit ihrem Auge licht und offen,
Jedoch kein Zucken ihrer Wimper
Verräth, daß sie der Blick getroffen.

Nur manchmal läßt ihr holdes Antlitz
Ein mitleidiges Lächeln sehen,
Wenn sie den vielbethörten Knaben
In seinem Wahn sieht vor sich stehen.

Doch bald das Lächeln schwindet, das
Noch eben ihren Mund umblüht',
An seiner Statt der Schwermuth Schleier
Die schönen Züge überzieht.

Ihr Geist ist hell und bald entdeckt sie
Das Werk, deß sich ihr Feind erkühnet,
Und sie erräth, welch' schnödem Plane
Der unglückliche Jüngling dienet.

Sie kennt sein Inn'res zwar und sieht ihn
Als noch nicht ganz verdorben an,
Doch Trauer überkommt ihr Herz,
Daß solchem Thun er weih'n sich kann.

Denn was ist schändlicher und schnöder,
Als Pläne schmieden, wenn man liebt?
Als daß ein Mann will die verrathen,
Die sich in Liebe ihm ergiebt?

Und sei es selbst nicht Liebe, sei es
Nur Sinnestaumel, äuß're Lust,
So ist's ein Abbild doch der Liebe,
Muß heilig gelten jeder Brust.

Nicht nur die Lieb' im höchsten Sinne,
Nein! selbst der Liebe bloßer Schein,
Jedwed' Gefühl, das Mann und Weib
Verbinden kann, muß heilig sein.

Und ein Verrath gen solch Gefühl
Ist ärger als ein Hochverrath,
Ist ärger noch als Mord und Todtschlag,
Ist ärger, als die schlimmste That.

Drum, wenn er nachfolgt ihren Pfaden,
Bedacht auf des Verrathes Plan,
Mit Augen voller tiefer Wehmuth
Die Fürstin blickt den Jüngling an.

Ein Blick, geeignet Ernst zu wecken,
Den Geist zu lenken himmelwärts,
Und dieser Blick ist nicht verloren,
Er bringt dem Jüngling tief in's Herz.

Bei diesem Blick empfindet er
Ein niegekannt Gefühl sich regen,
Und eine neue myst'sche Macht
Fühlt seinen Busen er bewegen.

Zwar noch hat diese neue Macht
Nicht ganz den alten Sinn bezwungen,
Zwar noch ist nicht des Geistes Kampf
Zu edlem Siege durchgedrungen,

Jedoch mit neuerwachtem Muth
Bekämpft der Geist die Macht der Sinne,
Und oft will's scheinen, als ob bald
Der beß're Theil den Sieg gewinne.

Indeß sein Herz ist noch ein Chaos:
So gleicht es des Vulkanes Schlund,
Eh' er die Flammen noch entsandte
Aus seines Innern glüh'ndem Grund,

Wenn in des Feuerberges Bauch
Die finstern Mächte sich bekämpfen,
Mit Poltern, Donnern, Blitz und Feuer,
Mit Zischen, Flammen, Gluth und Dämpfen.

So zweifelhaft gestimmt er liebte,
Doch nichts Verderbliches er wagte,
So kam's, daß der Verführung Werk
Auch nicht den kleinsten Fortschritt machte.

Allabendlich, wenn zur Moschee
Zurück der schöne Hassan kehrte
Und seiner Freunde schnöde Bande
Mit Neugier Auskunft nun begehrte,

Ob ihm die Schöne sich ergeben,
Ob die Verführung sei gelungen,
Da konnt' er ihnen nur vermelden,
Daß noch er habe Nichts errungen.

Dasselbe sagt auch der Spion,
Auch er hat ohn' Erfolg gestritten;
Es wütheten die Muselmänner,
Daß Beider Werk nicht fortgeschritten.

Indeß wer Böses sä't, der hoffet
Stets auf's Erblühen seiner Saaten,
Denn leider geht mehr Böses auf,
Als Gutes aus der Menschen Thaten.

So hofften auch die Muselmänner.
Erfüllt mit dieser Hoffnung Stärke,
Entsandten stets auf's Neue sie
Die Beiden zu dem finstern Werke.

XI.

Indeß war nun der Mond verstrichen,
Es war die Nacht herbeigenaht,
Von der man sagt, daß sie geweiht sei
Seltsam geheimnißvoller That.

Und der Spion begrüßt den Abend,
Der seinem Handwerk sollte lohnen;
Ben Brahim schickt sich an, als Zeuge
Der Nacht der Geister beizuwohnen.

Seitab von Tlemsens Thoren einsam,
Von Stadt und Dorf entfernt zugleich,
Da lag ein weites Trümmerfeld,
An römischen Ruinen reich.

Da ruht es, wie des Fluches Stätte,
Nur der Verlassenheit geweiht:
Einst war's ein Friedhof wohl gewesen
Der Römer aus der Heidenzeit.

Des Schakals Bellen auf den Gräbern
Stört nicht der Todten ew'gen Traum,
Nur die Hyäne schleppet hinkend
Sich träg' durch diesen öden Raum.

Kein Tritt der Rosse stört die Stille
Des Feldes, das sich weit erstreckt,
Nein! Tag und Nacht die Leichenstätte
Ein unermeßlich Schweigen deckt.

Nur einmal monatlich auf Stunden
Wird jenes Schweigens Graun verbannt,
Wenn grad' des Neumonds dunkle Scheibe
Der Erde sich hat zugewandt.

Doch grauenvoll ist die Erscheinung,
Die jenes Schweigen unterbricht,
Ein schreckliches Gesicht entrollt sich
Beim fahlen, matten Sternenlicht.

Ein Zittern kommt die Erde an,
Die Grabessteine sich bewegen,
Tief unten in dem Boden rasselt's:
Die Todten in dem Grab sich regen.

Schwer wird's die Gräber durchzuwühlen,
Es decket manche Erdenschicht
Die todten Heiden, die schon lange
Verbannt vom gold'nen Sonnenlicht.

Doch wie der Maulwurf in den Aeckern
Sich aus der Tiefe gräbt hervor,
Durchwühlen auch den Grund die Todten
Und winden mühsam sich empor.

Jetzt haben sie sich durchgewühlt;
Siehst du den Ersten dort erscheinen,
Mit kahlem Scheitel, hohlen Augen,
Und nackten, weißen Knochenbeinen?

Sieh'! es entsteigen die Skelette
Der Erde, die sich hat erschlossen,
Und bald hat jedes Grab des Friedhofs
Der Leichen eine ausgestoßen.

Sie sammeln sich um einen Führer,
In düstern Reihen, Mann an Mann,
Doch eine seltsame Verwandlung
Kommt nun die dürren Leiber an.

Es lagern sich die düstern Schaaren
Und schicken sich zum Geistermahle,
Da wird von unsichtbaren Händen
Gereicht den Todten eine Schale.

Und in der Schale ist enthalten
Ein Trank, der nicht der Erd' entstammet,
Ein Trank, der Todte auferwecket,
Zu frischem Leben sie entflammet.

Und sieh! wie von dem Trank sie schlürfen,
Wird ihr Gerippe ausgefüllet,
Und ihre kahle Knochenmasse
Mit jugendlichem Leib umhüllet,

Und aus Gerippen sind sie Menschen
Geworden durch des Trankes Tugend,
Bald stehn sie da, wie blüh'nde Götter,
Die sich erfreuen ew'ger Jugend.

Sie fühlen sich zur That geboren,
Nachdem der Leichenbann bezwungen,
Ihr Körper wird in Kraft und Wollust
Von jugendlichem Blut durchdrungen.

Ihr Sinn ist paradiesisch selig,
Es hebt sich wonnig ihre Brust,
Und ihr Gemüth durchströmt voll Feuer
Verliebter Liebe holde Lust.

Sie sind erstanden! Voller Wonne
Die einst'gen Freunde sie erkennen,
Die Frauen, die sie einst geliebet,
Mit süßem Klang sie wieder nennen.

Den Augenblick des Wiedersehens
Begrüßen froh des Grabes Gäste,
Doch ach! nicht Alle sind befriedigt,
Es fehlet Manche bei dem Feste.

Es steht manch' blüh'nder Jüngling da,
Sucht nach der heißgeliebten Schönen,
Doch scheint's, als wollt' Erfüllung nicht
Belohnen seines Busens Sehnen.

Und von der Auferstandnen Menge,
Die Liebeslust beglückt auf Stunden,
Hat eine Schaar sich abgesondert,
Die ihre Liebe nicht gefunden.

Es sind die schönsten Jünglinge,
Die je die Oberwelt getragen,
Sie scheinen trostlos dazustehen,
Ihr neues Leben zu beklagen.

Jedoch wie weinend da sie stehen,
Da sehn sie fern sich etwas regen,
Da sehn sie eine weiße Schaar
Sich auf den Friedhof zu bewegen.

Es naht die weiße Schaar, und wie
Dem Friedhof nun sie näher geht,
Erkennt der Blick der Jünglinge,
Daß sie aus Frauen nur besteht.

Und bald erblicken sie voll Freuden,
Beim zarten, bleichen Sternenglanz,
Kalagatha, die Königin,
Und ihrer Mädchen schönen Kranz.

Und wie die Jünglinge nun näher
Zur wunderbaren Schaar hingehen,
Erkennen in den Frauen sie
Gestalten, die sie einst gesehen.

Gestalten, die das Alterthum
Gekannt vor vielen hundert Jahren,
Als noch in Afrikan'schen Landen
Die Römer die Beherrscher waren;

Als ihre Colonieen blühten,
Als noch die heidnischen Altäre
Nicht ganz gewichen waren unsrer
Erlösend heil'gen Gotteslehre;

Als noch das Heidenthum zum Kampf
Einlegte seine letzte Lanze,
Eh' es erliegen mußt' auf ewig
Des neuen Glaubens Strahlenglanze.

Aus jener Zeit die Frauen stammen;
Die Jünglinge, dem Grab entschwebt,
Erkennen voller Staunen die,
Mit denen einstens sie gelebt.

Jedweder Jüngling suchet jene,
Die einst in Liebe ihm verbunden,
Bis jeder endlich die Geliebte,
Nach der er sich gesehnt, gefunden.

Doch seltsam ist dieß Wiederfinden,
Nachdem Jahrhunderte sie trennen:
Die Frauen scheinen ungern fast
Die einst'gen Freunde zu erkennen.

Sie scheinen nur mit Widerstreben
In ihre Arme sich zu schmiegen,
Als wollten gern sie nicht aufs Neue
Der Macht der Liebe unterliegen.

Als wenn ein feindlich Element
Aus ihrer Freunde Blicken spräche,
Das mit der Frauen Denken und
Gefühl im Widerspruche läge.

Doch will's ihr Schicksal heut', daß Jene
Mit süßem Klang sie wiedernennen,
Und daß auch sie die einst Geliebten
Als solche wieder anerkennen.

Ihr Widerstand scheint überwunden;
Und nun in liebendem Verein
Sieht die Lebendgen und die Todten
Des Friedhofs dunkler Gräberhain.

Voll Staunen schaun dieß Wunder Hassan
Und Brahim, der im Finstern wacht,
Denn zwei der Zeugen ungeladen
Besaß die düstre Geisternacht.

Denn Hassan, dem die Leidenschaft
Die gluthentflammten Sinne trübte,
War auch zum Friedhof nachgeeilt
Den Schritten derer, die er liebte.

Wie er die Mädchen mit den Todten
In traulichem Verein muß sehen,
Da faßt ihn Staunen und Entsetzen,
Er bleibt gebannt am Orte stehen.

Gleich einer Marmorsäule steht er,
Sein Haupt sich weder dreht, noch wendet,
Die Augen hält er starr gerichtet
Auf jenes Schauspiel, das ihn blendet.

Doch Brahim, der Spion, war anders:
Ihn schreckt zwar auch die Geisternacht,
Doch hat er sich für sie gewappnet
Mit einer zauberhaften Macht.

Denn gleich den Zauberern Aegyptens,
Die Moses Wunder machten beben,
So war ein höll'scher Zauber in
Der Muselmänner Macht gegeben.

Ein Zauber, der zwar vor den Wundern
Des wahren Glaubens sollt' erbleichen,
Vor dem jedoch der Heidengötter
Geheimnißvolle Macht mußt' weichen.

Und dieser Zauber wappnet Brahim,
Macht stark ihn, Schreckliches zu schauen,
So daß er heut' den Geisterspuk
Ohn' Angst erblickt und ohne Grauen.

Ja! wie er nun die Frau'n erschaut,
Vom Arm der Jünglinge umwunden,
Da wünscht er Glück sich, daß er endlich
Was Tadelhaftes hat gefunden.

Er zweifelt nicht, daß auch die Fürstin
Strafbarem Thun sich werde weihen,
Und daß er endlich eines Treubruchs
Mit vollem Recht sie könne zeihen.

Doch da allein er ist, (denn Hassan
War wie verwandelt und versteint,)
Auch andre Zeugen zuzuziehen,
Ihm als Nothwendigkeit erscheint.

Wie wenn den König selbst er führte
Hinzu zur seltsamsten der Nächte,
Und seines Weibes treulos Treiben
Sogleich vor seine Augen brächte?

Schnell hat er sich entschlossen, eilet
Zum Königsschloß, den Herrn zu wecken,
Und meldet, daß Hochwicht'ges ihm
Heut' Nacht er habe zu entdecken.

Sid Ismael hört voll Erstaunen
Die Kunde, die nun der Spion
Ersinnt, und da er glaubt, es handle
Sich um sein Reich, um seinen Thron,

Und da auch Brahim wohlempfohlen
Von seines Reiches Großen war,
Mißtraut er nicht und folgt ihm nach
Ohn' Angst vor nächtlicher Gefahr.

Beim Friedhof erst erfährt der König,
Was der Spion hat aufgespürt,
Und zu welch' schnödem Schauspiel er
Hat seinen Herrn hiehergeführt.

Es faßt ihn Zorn, denn auf sein Weib
Hegt keinen Augenblick Verdacht
Der Fürst; nur Brahim will er strafen,
Sobald vorbei die Geisternacht.

Indeß, da einmal er gekommen,
Ist er zu bleiben auch geneigt,
Und blicket voll erwachter Neugier
Dem Schauspiel zu, das sich ihm zeigt.

Verwundernd sieht der Fürst die Mädchen
Mit holden Knaben sich ergehen,
Die ganz den Heidengöttern gleichen,
Die bei der Grotte er gesehen.

Er schaut sein Weib, Kalagatha,
Des Schleiers frei, der sie umwunden,
Doch scheint sie noch allein zu sein,
Hat keinen würd'gen Mann gefunden.

Er glaubt, bald wieder zu erblicken,
Was einst er sah aus jener Grotte,
Denkt, daß bacchant'sche Tänze nun
Beginnen werd' die wilde Rotte.

Und einen wirren Herensabbath
Erwartet er, wie einst er sah,
Allein verschieden war, was heute
In düstrer Geisternacht geschah.

Das Heidenthum schien hier nicht kräftig,
Nicht kühn und herrisch aufzutreten,
Die Bacchanale muß verstummen,
Die Cimbeln schweigen und die Flöten.

Ein düstrer Ernst scheint ausgegossen
Auf die vom Grabe heut' Befreiten,
Es ist, als wollte sich ein Kampf
Der Elemente vorbereiten.

Denn heute finden sie die Mädchen,
Die sie im Leben einst gekannt,
Voll Widerstreben, den Altären
Der Heidengötter abgewandt.

Sie winden sich nicht mehr im Tanze,
Sie eilen zu den Opfern nicht,
Sie grüßen ihre Freunde nur
Mit stummem, ernstem Angesicht.

Sie schwingen nicht die Thyrsusstäbe,
Bekränzen nicht des Bacchus Zecher,
Und heben nicht dem Pan zu Ehren
Voll süßen Weins die gold'nen Becher.

Sie eilen nicht in süßem Tändeln
Der Liebesgöttin sich zu weih'n,
Sie fühlen nicht der Wollust Toben,
Sie scheinen wie von Eis zu sein.

Es ist, als ob ein neues Wesen
In ihres Busens Kern sich rege,
Das mit dem alten Thun und Denken
Im grellsten Widerspruche läge.

Gleichwie des Schmetterlinges Form,
Eh' er der Puppe sich entringt,
Schon sichtbar durch die dünne Schale
Wird, die er bald mit Macht durchdringt.

So ist die neue geist'ge Form
Der Märchenseelen angedeutet
In ihrer alten Hülle, welche
Nur lose noch darübergleitet.

Die alte Form ist abgelebt,
Die neue sich mit Macht empört,
Sie tragen zwar noch jene, aber
Die Zeit ist nah', die sie zerstört.

Das Heidenthum, dem einst sie dienten,
Kann nicht mehr sie gefangen halten,
Erschüttert werden schon die Fesseln
Von eines neuen Geistes Walten.

Die Geisternacht, die sie gebannt hat,
Der sie sich, wenn auch ungern, weihen,
Kann nicht ihr Streben unterdrücken,
Auf ewig beut' sich zu befreien.

Umsonst ist jener Heiden Streben,
Umsonst ertönet ihr Päan,
Die Liebe zu den alten Göttern
Nichts wieder auferwecken kann.

Wohl ruft der Männer Mund: Evoë,
Wohl feiern sie bacchant'sche Tänze,
Wohl schwingen sie die Thyrsusstäbe,
Wohl winden sie dem Bacchus Kränze;

Wohl schießet ab des Eros Pfeil,
Der sonst jed' Mädchenherz erweicht,
Manch schöner Jüngling, der an Anmuth
Dem griechischen Apollo gleicht;

Wohl reichet seine kräft'ge Rechte
Den Mädchen mancher Knabe dar,
Wollüstig gleich dem jungen Faune
Mit krausem, wildem Lockenhaar;

Wohl suchet ein Antinous
Mit Augen dunkel wie die Tannen,
D'raus liebesglüh'nde Blicke leuchten,
Der Mädchen Herzen festzubannen;

Umsonst! der Zauber ist gewichen,
Die Sinnlichkeit kann nicht mehr rühren
Die Mädchen, und das Heidenthum
Kann ihr Gefühl nicht mehr verführen.

Der auferstand'nen Heiden Schaar
Fühlt, daß schon Vieles sie verloren,
Daß jene, die sie einst geliebet,
Ein andres Element erkoren,

Ein feindlich Element, dem ihres
In Geist und Leben widerstrebet,
Das ihre Sinnenwelt zerstört,
Mit geist'ger Brunst den Busen hebet.

Die Elemente sind im Streit,
Der Geist, die eitle Lust der Sinnen,
Heut' Nacht muß sich's entscheiden, wer
Auf ewig soll den Sieg gewinnen.

Das Heidenthum empfindet wohl,
Daß die Entscheidung nah' gebracht;
Drum will es zu dem letzten Kampf
Sich wappnen mit der vollsten Macht.

Es rafft sich mit Kraft zusammen,
Da's einen wicht'gen Sieg erstrebt,
Die abgestorbenen Symbole
Ein neuer Lebenshauch belebt.

Es winkt herbei die todten Schatten,
Es ruft beschwörend Alles an,
Was seinem abgelebten Dasein
Verjüngte Kraft verleihen kann.

Und alle Götter und Heroen,
Die der Olympos einst gekannt,
Sie werden jetzt durch die Beschwörung
Der Geisternacht hieher gebannt.

Die Erde bebt, es rollt der Donner,
Des Blitzes Flamme ist erfacht,
Ein wunderbares myst'sches Licht
Erhellt die düstre Geisternacht.

Es öffnen sich der Berge Tiefen,
Und aus den Klüften tritt hervor,
Drin ein Jahrtausend sie geschlummert,
Der alten Heidengötter Chor.

Und Alle, welche thronten einst
Auf des Olympos hoher Krone,
Sie steigen zu den ird'schen Auen
Herab von ihrem Wolkenthrone.

Halbgötter auch und üpp'ge Nymphen,
Der Satyrn und der Faune Schaar
Erscheinen jetzt, die ganze Vorwelt
Wird heute plötzlich wieder wahr.

Da wird von Wolken hergetragen
Zeus, Jupiter, der Götter Meister,
Ihm folgen des Olymps Bewohner,
Die Schaar der ewig jungen Geister.

Mit ihren Pfauen nahet Here,
Selene mit dem halben Mond,
Cybele dann, der Götter Mutter,
Die auf dem myst'schen Dreifuß thront.

Mit Helm und Weisheit gleich bewaffnet
Die hehre Pallas sieh' erscheinen,
Und Demeter, die einst die Griechen
Verehrten in Eleusis Hainen.

Sieh' auch Apoll, den blüh'nden Jüngling,
Die goldne Leier in der Hand,
Und Mars mit seinem eh'rnen Speer,
Und Maja's Sohn, dem Zeus verwandt.

Neptun mit seinem gold'nen Dreizack,
Und Amphitrite, meererstanden,
Und Thetis, die den Sonnengott
Umfing mit ihren süßen Banden.

Vulcan und Proserpine mehren
Die Anzahl der olymp'schen Gäste,
Selbst Pluto, aller Todten Herrscher,
Fehlt nicht beim mitternächt'gen Feste.

Die Götter lagern sich im Kreise,
Halbgötter stehn zur Seite ihnen,
Es kommen Ganymed und Hebe,
Die Götter himmlisch zu bedienen.

Die Dioscuren, die Heroen,
Gigantenfürsten voller Stärke,
Und Hercules im Götterhaine
Ruht aus vom letzten seiner Werke.

Vollständig bald ist der Olympos:
In hehrer Abgeschiedenheit
Die Götter thronen, königlich
Voll Majestät und Herrlichkeit.

Doch scheint des Menschen Thun und Denken
Des heidnischen Olympos Herrn
Im Mindesten nicht zu berühren:
Die ird'sche Welt liegt ihnen fern.

Ungleich dem Gott der Christen, welcher
Stets schafft und handelt, denkt und wacht,
So scheinen diese Heidengötter
Nur auf Genuß und Ruh' bedacht.

Was gelten ihnen denn die Menschen?
Sie weih'n den Göttern Opfer zwar,
Bau'n ihnen Tempel, schmücken ihnen
Mit duft'gen Kränzen den Altar;

Jedoch die Götter ruhen einsam,
Kein Mensch darf ihren Saal betreten,
Sie neigen die ambros'schen Leiber
Nie nieder zu den ird'schen Stätten.

Sie lassen unbelohnt die Tugend,
Das Laster hat auf Erden Raum,
Und daß Gerechtigkeit im Himmel
Geschätzt wird, scheint ein eitler Traum.

Und wenn einmal zur Erde nieder
Ein Gott stieg auf der Menschen Spur,
So war es in dem Dienst der Selbstsucht
Und lasterhafter Triebe nur.

So stieg ein Jupiter hernieder,
Verwandelt bald als Stier, als Aar,
Als gold'ner Regen bald, als Schwan,
Verführte er der Jungfrau'n Schaar.

Sonst seh'n wir nie in's ird'sche Leben
Eingreifen sie, die himmlisch thronen,
Die Nebelgötter Epicur's
Sind sie, die in den Welten wohnen.

Die Nebelgötter! ja fürwahr,
Das ist der Name, der mit Recht,
Wie's jener alte Weise aussprach,
Gebühret Uranus' Geschlecht.

Nur vier der Götter kann entdecken
Mein Blick in dem ambros'schen Licht,
Die auf die Menschen mächt'gen Einfluß
Ausüben, doch zum Guten nicht.

Sie heißen Venus, Amor, Bacchus
Und Pan; sie kämpfen nicht vergebens,
Bemächt'gen sich der Menschen Sinnen
Und ihres Geistes, Bluts und Lebens.

Der Schönheit Göttin fachet an
Im Busen sinnlich wilde Triebe;
Und alle Menschen macht erblinden
Der schalkhaft schlaue Gott der Liebe;

Und Bacchus, brauch' ich es zu sagen?
Macht aus vernünft'gen Wesen Thiere;
Und Pan, voll niedrer Sinnlichkeit,
Verwandelt sie in brünst'ge Stiere.

So ist ihr Wirken! Eine Tugend
Rief nie ein Heidengott hervor,
Und jenen vier und ihren Lastern
Schien nur geweiht der Menschen Chor.

Auch heute, in der Geisternacht,
Erscheinen diese vier zusammen,
Ihr Streben scheint es, anzufachen
Des Heidenthums erlosch'ne Flammen.

Denn für des Heidenthumes Banner
Trat selten Weisheit in die Schranken;
Wenn ja es einen Sieg errang,
So war's dem Laster nur zu danken.

Umsonst, daß später Weisen Lehre
Dem Heidenthum Bestät'gung gab,
Der Philosophen Waffen glitten
Vom Schild des wahren Glaubens ab.

Doch, was der Weltweisheit nicht glückte,
Wonach umsonst sie oft gerungen,
Das war zuweilen, wenn auch selten,
Des Lasters Gottheiten gelungen.

Erzählt uns die Geschichte nicht,
Was einer Christin einst geschah,
Die schon im Circus vor dem Volke
Dem Märtyrtod entgegensah?

Zur Beute für die wilden Thiere
Bestimmt schon mußte sie sich halten;
Jetzt sollten sich die Zwinger öffnen,
Jetzt nah'n die schrecklichen Gestalten.

So steht die Christenjungfrau da,
Allein in ihrer letzten Noth,
In ihrem weißen, keuschen Kleide
Erwartet sie den grausen Tod.

Es stärkt sich ihre Seele betend,
Denn ach! ihr Leib ist schwach und zart,
Und endlich hat sie es errungen,
Daß sie getrost des Todes harrt.

Sie sieht voll Muthes ihm entgegen,
Der sie bedroht aus Tigers Munde,
Doch eine andere Versuchung
Bringt die verhängnißvolle Stunde.

Denn endlich öffnen sich die Zwinger,
Und statt der wilden Thiere, die
Ihr drohten, siehet plötzlich eine
Ganz andere Erscheinung sie.

Da bricht kein wilder Leu hervor,
Vom Hunger aufgereizt zur Wuth,
Da fletscht kein Tiger seine Zähne,
Kein Panther lechzt nach ihrem Blut.

Nein! die Versuchung ist noch schlimmer
Als Tod: die Tiger können nur
Den Leib zerstören, doch die Seele
Bleibt frei von ihrer Krallen Spur.

Und grab' der Seele sollte gelten
Jetzt die Gefahr, die sie umfaßt.
Die junge Christin war auf Tod,
Doch auf Verführung nicht gefaßt.

Denn durch des Zwingers offnes Thor
Dringt plötzlich in den Circus ein
Ein Zug von Sängern und von Tänzern,
Bacchantinnen bekränzt von Wein.

Es nahen Knaben mit den Schläuchen,
Gefüllt vom gold'nen Rebensaft,
Die Zecher werden von dem Rausche
Zum Freudentaumel hingerafft.

Und Mädchen, deren hohe Schönheit
Ein Dichter kaum beschreiben kann,
Beginnen ihre üpp'gen Tänze
Und stimmen süße Lieder an.

Und in der Mitte dieser Nymphen
Sehn einen jungen Gott sie stehen,
Schön wie Apollo, ernst wie Pluto,
Nach dem die Mädchen liebend sehen.

Es liegt für sie in seinem Antlitz
Geheimnißvolle Liebesmacht,
In ihre Brust wirft zehrend Feuer
Sein Auge, dunkel wie die Nacht;

Nach seiner liebenden Umarmung
Sie scheinen alle sich zu sehnen,
Von süßer Täuschung ganz befangen,
Erhörte Liebe schon sie wähnen.

Jedoch der Nymphen keine trifft
Beglückend seines Auges Strahl,
Er blicket stolz und seine Kälte
Vermehret noch der Mädchen Qual.

Nur eine scheint er anzublicken:
Sie wußte nicht, wie ihr geschah,
Es war die arme Christenjungfrau,
Die schon dem Tod entgegensah.

Sie wußte nicht, wie ihr geschehen,
Sie fühlt von unsichtbaren Händen
Den Pfeil in ihre Brust geschleudert,
Sie kann von ihm den Blick nicht wenden.

Es hat sich ein allfesselnd Band
Um ihren Busen schnell geschlungen,
Und was nicht Todesfurcht vermochte,
Das ist der Liebe Gluth gelungen.

Sie sinkt, von Liebe übermannt,
Dem holden Jüngling an die Brust,
Vergißt ihr heiliges Gelübde,
Und weiht sich der bacchant'schen Lust.

So that Verführung mehr als Marter,
Denn Tod ist oft der Seele Retter,
Doch den Triumph des Heidenthumes
Begründeten des Lasters Götter.

Gleich jener Christenjungfrau, welche
Die Heiden unterliegen sahen,
So sollt' auch heut' der Mädchenschaar
Des Heidenthums Verführung nahen.

Der Venus Priesterinnen schweben
Entgegen ihrer Schaar im Tanz,
Und zieh'n sie in bacchant'schem Jubel
Inmitten in des Festes Kranz.

Dort wird der süße Wein gewürzt,
Der Wahnsinn schleudert in die Brust,
Dort tönt des Pans gefeite Flöte,
Ihr Klang reißt hin zu wilder Lust.

Halbgötter herrlich, wie der Tag,
Die Arme um die Mädchen schlingen,
Sie reißen sie zum Tanz mit fort
In wildem, wahnsinnigem Ringen.

Die Satyrn jubeln und die Faune,
Den Wahnsinnsjubel Niemand stillt,
Die Mädchen fühlen, daß ihr Haupt
Mit wirren Nebeln sich erfüllt.

Sie fühlen, daß schon die Vernunft
In ihrem Hirn nicht mehr besteht,
Und daß sie in dem Ocean
Des wilden Wahnsinns untergeht.

Jedoch, wie auf dem stürm'schen Meere
Ein Baumstamm auf dem Wasser schwebt,
Wenn auch der Sturm ihn niederschleudert,
Sich doch von Neuem stets erhebt,

So stand auch ein Gedanke oben
Im Haupt der Mädchen und wie klein
Auch seine Macht erschien, so lenkt er
Des Geistes Richtung doch allein.

Und wenn den Geist die Lust will fesseln
Mit ihrer Ketten eh'rnem Zwang,
So tauchet der Gedanke auf
Und rettet ihn vom Untergang.

Doch manchmal, wenn der Sinnentaumel
Beinahe schon den Sieg gewinnt,
Und wenn die Mädchen fühlen, daß
Dem Unterliegen nah sie sind,

Da nach der Kön'gin sich die Blicke
Der Frauen hülfeflehend drehen,
Und wenn ihr Antlitz sie verkläret
Von einem höhern Geiste sehen,

Empfängt auch frischen Muth ihr Sinn,
Die Seele rafft sich neu empor,
Und aus der wilden Bacchanale
Geht siegreich ihr Gemüth hervor.

Indeß das Heidenthum hat heute
Erboten seine letzte Macht,
Es will den Sieg nicht leicht verlieren,
Hochwichtig gilt ihm diese Nacht.

D'rum wüthet es, daß seine Künste
In Fesseln jene nicht gebunden,
Und daß die Königin bis jetzt
Noch nicht hat ihre Macht empfunden.

Denn noch hat zum bacchant'schen Feste
Sich nicht geschaart Kalagatha,
Als eine Warnung für die Andern
Noch steht allein und ernst sie da.

Gleich jener Schlange, die einst Moses
Erhöht', ein Talisman von Erz
So stand sie da und wer nach ihr
Hinblickte, ward geheilt vom Schmerz.

D'rum wüthete das Heidenthum:
Was auch für Mittel es erkoren,
So schien doch seine Macht umsonst,
So schien doch seine Kunst verloren.

Doch einen letzten schicksalsschweren
Verzweiflungskampf nun will es wagen,
Will die Gewalt zu Hülfe rufen,
Wie einst in seinen alten Tagen.

Des Lasters Gottheiten gebieten:
Es eilen ihr Gebot zu thun
Die Faun' und Satyrn, die der Mädchen
Sich mit Gewalt bemächt'gen nun.

Sie zerren an den schönen Armen
Mit sich die Königin entlang,
Wie sehr ihr Geist auch widerstrebet,
Ihr Leib gehorcht dem schnöden Zwang.

Sie reißen sie mit wilder Macht
Dorthin, wo ihre Götzen wohnen,
Bis zu dem heidnischen Altar,
Auf dem des Lasters Götter thronen.

Zu dem Altar, auf dem die Göttin
Der Wollust ruht, der sie sich weihen,
Die üpp'ge Mädchen rings umstehen,
Der holde Knaben Weihrauch streuen.

Berauschend war die Atmosphäre,
Geschaffen ganz den Sinn zu fangen,
Die den Altar der Lust umgab,
D'raus zauberhafte Düfte drangen.

Es fliegt der Weihrauch, glänzt der Becher
Mit Bacchus' gold'nem Safte d'rin,
Das Opfer liegt bereitet schon,
Es wartet nur der Priesterin.

Und nun Kalagatha sie ziehen
An den bereiteten Altar,
Zum Amt der Priesterin will zwingen
Sie jetzt die wilde Heidenschaar.

Sie fassen ihren Arm mit Macht,
Geschmückt mit priesterlichem Band,
Und drücken ihr den Opferbecher
Der Libationen in die Hand.

Und in den Becher gießen sie
Den zauberhaft gefeiten Wein,
Der macht, daß wer ihn opfert, muß
Ein Götzendiener ewig sein.

Schon heben auf zum Opferguß
Sie ihren Arm mit ries'ger Macht;
Ein Augenblick noch, und sie hat
Das Götzenopfer dargebracht.

Ein Augenblick noch, und es ist
Auf ewig Gott für sie verloren,
Ein Augenblick noch, und sie hat
Die Heidengötter sich erkoren.

Schon hält ihr Arm hoch in der Luft
Den Becher, d'raus die Opfer fließen,
Die Libation, die sie verdammt,
Will aus dem Gold sich schon ergießen.

Doch in dem Augenblick des Schreckens,
Der ernst und grausam wie der Tod,
Da ringt sie mächtig mit dem Glauben;
Ein rief'ger Kampf voll Angst und Noth.

Doch mächtig ringt sie sich hindurch,
Inmitten der Gefahren Graus,
Dem Glauben bleibt die Oberhand,
Ein Wort, ein Einz'ges spricht sie aus.

Dieß Wort, es ist der Name Dessen,
Der ihren Glauben aufrecht hält;
Und sieh'! vor dieses Wortes Klange
Das Heidenthum in Nichts zerfällt.

Im Augenblick ist seine Macht
Zerstört, sein Zauber ist entbunden,
Die Götter sind entflohn, die Heiden
Sind wieder in dem Grab verschwunden.

Die Opferthiere sind versunken,
Und die Altäre sind nicht mehr,
Die Bacchanale ist verschwunden,
Das Feld ist wieder öd' und leer.

Und einsam wieder ist der Friedhof,
Geweiht nur der Verlassenheit,
Die Mädchen stehn im Todtenfelde
Allein in nächt'ger Dunkelheit.

Von einem zauberhaften Banne,
Der sie verfolgt seit langer Zeit,
Nun fühlen endlich sich die Frauen
Erlöst, vollendet ist der Streit.

Und betend sinken sie hernieder,
Entschwunden ist der schnöde Traum,
Und ihre Dankeshymnen hört
Des stillen Friedhofs öder Raum.

XII.

Verschieden war der Eindruck, welchen
Auf Jene, die der Geisternacht
Als Zeugen beigewohnet hatten,
Ihr Wunder hat hervorgebracht.

Ben Brahim, der Spion, war anfangs
Voll Zuversicht und voll Vertrauen,
Daß er Kalagatha der Göttin
Der Lust ergeben werde schauen.

Doch, wie er nun ganz unerwartet
Den Sieg des bessern Glaubens sieht,
Kennt keine Gränzen seine Wuth,
Vom Roth des Zorns sein Antlitz glüht.

Der König auch ist unzufrieden:
Das bunte Heidenthum mißfiel
Ihm nicht, gern hätt' er sich ergötzt
An jener Nymphen üpp'gem Spiel.

Er ehrt' wohl seiner Gattin Glauben,
Doch wollt' zu ernst er ihm erscheinen,
D'rum sah er gern in ihrem Herzen
Zwei Religionen sich vereinen.

Das Heidenthum schien ihm geeignet,
Des andern Glaubens Ernst zu mildern,
D'rum sieht er ungern es verschwinden
Mit seinen heitern Lebensbildern.

Nun sieht er ungehindert herrschen
Die Lehre, die nur Geist'ges kündet,
Den Glauben, den er nicht versteht,
Vor dem er dunkle Scheu empfindet.

Indeß, obgleich dem Christenthum
Der König nicht war zugethan,
So faßt er sich ergeben doch
In das, was er nicht ändern kann.

Die Lieb' zur Kön'gin nach wie vor
In seinem Busen leuchtend taget,
Und diese Liebe macht, daß er
Den strafen will, der sie verklaget.

D'rum, kaum ist er in's Schloß zurück
Gekehrt von seinen nächt'gen Wegen,
Besiehlt er, daß man den Spion
Ben Brahim soll' in Ketten legen.

Und um auf Brahim nun in Zukunft
Nicht weiter mehr zurückzukommen,
Laßt uns die Sage gleich erzählen,
Welch' Ende der Spion genommen.

Weil mit der Zunge er gesündigt,
Riß man sie aus mit glüh'nden Zangen,
Dann ließ an eins der Thore Tlemsens
Der König ihn ohn' Weit'res hangen.

Und als der Mufti und die andern
Fanatiker und falschen Frommen
Am Morgen an dem Thore gingen
Vorbei, um zur Moschee zu kommen,

Da sahn sie ihren Liebling hängen,
Und rechts und links den Körper schwanken,
Unwilliges Erstaunen faßt sie
Und ihre Wuth kennt keine Schranken

Das also war nach langem Warten
Das Ende, das ihr Plan genommen:
Statt, daß die Königin er stürzte,
War Brahim selbst zu Fall gekommen.

Doch, da der Fürstin Unschuld klar,
Und kein Verdacht sie konnte schänden,
Und Brahim als Verläumder dastand,
So fanden Nichts sie einzuwenden.

Und da der König mächtig war,
Wie sie es konnten wohl erkennen,
So mußten sie sich d'rein ergeben,
Das Strafurtheil gerecht zu nennen.

So knirschten sie zwar voller Wuth,
Doch mußten sie zur Ruh' sich zwingen,
Allein für ihren andern Plan
Erhofften sie ein froh Gelingen.

Den Plan, wonach der schöne Hassan
Verführen sollt' die Königin;
Doch ihrer harrt auch hier Enttäuschung,
Die ihnen fast unmöglich schien.

Mit Freuden sah der schöne Hassan
Sich von der Geisternacht erlöst,
Denn wie versteint hatt' ihn der Schrecken,
Den ihm die Geister eingeflößt.

Doch scheint er anfangs noch erstarrt,
Er kann sich nur allmählig fassen,
Auch kann sein Schritt des Friedhofs Feld
Nicht schnell, wie er's gewünscht, verlassen.

Der König und Ben Brahim waren
Schon längst zum Schloß zurückgeeilet,
Als Hassan auf dem Feld noch stand,
Wo auch der Mädchen Schaar noch weilet.

Denn ihre Dankeshymnen scheinen
Ein Ende kaum zu nehmen heut',
Ihr Herz ist überströmend glücklich,
Weil sie vom Zauberbann befreit.

Und Hassan, welcher unwillkürlich
Des Zeugen Rolle hat erwählt,
Sieht nun voll Staunen, welche Inbrunst
Der Mädchen holde Schaar beseelt.

Was für ein Glaube muß der sein,
Der überwindet Höll' und Schrecken?
Was für ein Gott kann in dem Busen
Der Menschen solche Inbrunst wecken?

So fragt er sich. Er fühlt wie plötzlich
Ein neuer Geist sein Haupt durchglüht,
Ein neu Gefühl kommt in sein Herz,
Ein neuer Sinn in sein Gemüth.

Gleich einem sanften Windessäuseln,
Das Wald und Wiesen labt voll Lust,
So fühlt er heil'ge Schauer ziehen
Durch seine Seele, seine Brust.

Ein neu Gefühl voll wunderbarer,
Voll paradiesisch sel'ger Freuden,
Durchbebt die Seele und es schweigen
Im Augenblicke alle Leiden,

Wie wenn ein Funken höhern Lichts
In seines Geistes Nacht sich senkte,
Wie wenn vom ew'gen Quell der Wahrheit
Ein Tropfen seine Seele tränkte.

Kaum kann er Rechenschaft sich geben,
Von welcher Quelle abgeleitet
Sei das Gefühl, das ihn durchbebt,
Doch ahnt er schon, was es bedeutet.

Er ahnet, daß ein schön'rer Glaube
Sich seiner Seele offenbart,
Daß heut' von seinem alten Irrthum
Auf ewig er geschieden ward.

Doch noch kennt er den neuen Glauben
So gut wie nicht, den er erwählt,
Er weiß nur, daß der Glaub' es ist,
Der jener Mädchen Brust beseelt.

Was sein Gefühl nur hat empfunden,
Das haben jene schon erkannt,
D'rum blicket er Erkenntniß suchend
Hin nach den Mädchen unverwandt.

Und wie er hinsieht, da gewahrt er,
Daß plötzlich sich des Friedhofs Feld,
Das oben noch die Nacht umhüllte,
Mit zartem ros'gen Schein erhellt.

Es war der Tag, der auf den Flügeln
Des Morgenroths genahet war,
Und bei des Frühlichts Schein erkennt er
Im Friedhof einen Hochaltar.

An dem Altar die Frauen knieen,
Und vor ihm steht ein hehrer Greis,
Von goldenem Gewand umflossen,
Mit langem Barte silberweiß.

Es ist der Wundergreis, der wieder
Zurückgekehrt zu ird'schen Auen,
Er bringt das heil'ge Opfer dar,
Dann spricht er also zu den Frauen:

„O Kinder einer seltnen Schickung!
Die ein geheimes Wunderband
Auf Erden festgehalten hatte,
Ob längst auch eure Zeit hinschwand!

„Heut' seht ihr frei euch von den Schrecken,
Die manch Jahrhundert euch umgaben,
Ihr seid erlöst von jenen Ketten,
Die euch so lang' gefesselt haben.

„Denn also wollt' es Gott, daß leben
Ihr solltet in den ird'schen Reichen,
Bis jede Spur von dem, was einst ihr
Geglaubt, aus eurer Brust würd' weichen.

„Einst in dem röm'schen Heidenthume
Habt ihr gelebt, jedoch erkannt
Den neuen Glauben, welchen Gott
Durch seine Boten ausgesandt.

„Ihr wähltet ihn, allein ihr konntet
Euch damals noch nicht ganz befreien
Von eures Heidenthumes Schlacken,
Nicht ungetheilet Gott euch weihen·

„Denn euer Herz war halb nur Gott
Und halb den Menschen zugethan,
Ihr liebtet Männer, welche waren
Verblieben bei dem alten Wahn.

„So schwankten zwei der Elemente
In eurem Busen lange Zeit,
Bis endlich eines siegreich ging
Hervor aus dem verjährten Streit.

„Am Anfang war der wahre Glaube
Nur schwach in eurer Brust vertreten,
Doch wuchs er kräft'ger durch den Kampf
Und rang sich groß durch Buß' und Beten.

„Allmählig wuchs er und die Feste
Des Heidenthums, sein üpp'ges Prassen,
Die bacchanal'sche wilde Lust
Lehrt' euch der Glaub' allmählig hassen.

„Zwar unterlagt ihr noch zuweilen
Dem Zauber, der euch einst gebannt,
Wenn wieder ihr der Männer dachtet,
Die einst Geliebte ihr genannt;

„Zwar schaartet ihr euch noch zuweilen
Zu mitternächt'gen Opferfesten,
Und feiertet die Heidengötter
Mitsammt des Grabs erstandnen Gästen.

„Ja, anfangs war in euch noch mächtig
Das alte heidnische Geschick,
Und zu den wilden Bacchanalen
Ihr kehrtet gern noch oft zurück.

„Doch seltner stets und seltner wurde
In eurer Brust die alte Regung,
Und schwächer stets und schwächer pulste
Des Blutes sündhafte Bewegung.

„So habt ihr manch Jahrhundert lebend
Den Kampf des Glaubens durchgestritten,
Da längst die Gränzen, die Natur
Dem Leben setzt, ihr überschritten.

„Ein sicheres Asyl ward euch
Gegönnt von unserm ew'gen Gotte,
Ihr konntet eure Läuterung
Vollenden in der heil'gen Grotte.

„Dort, wo die heil'gen Märtyrer
Im Grab des ew'gen Schlafes pflegen,
Da mußten göttliche Gefühle
In eurer Brust sich mächtig regen.

„Dort ward euch nach des Tages Arbeit
Gegönnt in nächtlichen Gesichten
Euch zu befest'gen für die Zukunft
In euren heil'gen Glaubenspflichten.

„Und ob die Stunde der Versuchung
Auch wiederkam im Zeitendrang,
Ward doch von Tag zu Tage schwächer
Die Macht, mit der sie euch umschlang.

„Zuletzt sank so der Götzen Macht,
Daß einmal in dem Monde nur
Sie's wagte zu versuchen, euch
Zurückzuziehn zur alten Spur.

„Inzwischen war ein andres Schicksal
Euch vorbehalten noch geblieben,
Ihr solltet auf der Menschen Thaten
Noch einen letzten Einfluß üben.

„Ihr solltet in das irb'sche Leben
Eingreifen noch ein letztes Mal,
Eh' das vollendet völlig war
Der Prüfungsjahre große Zahl.

„Drum sollt' Kalagatha ein König
Zu seiner Gattin auserwählen,
Kalagatha, die schönst' und beste,
Die eure Reihen in sich zahlen.

„Durch jenes Bündniß wurdet ihr
Entzogen eurer Einsamkeit,
Weil Oeffentlichkeit heischt das Schicksal,
Zu dem bestimmt ihr hier noch seid.

„Denn Gottes gnäd'ge Schickung will
Euch, eh' die Erd' ihr flieht, erlauben,
Ein letztes Zeugniß abzulegen
Von eurem schwererworb'nen Glauben.

„Nah' ist der Augenblick! Es wartet
Noch eurer jene Märtyrkrone,
Die werth den Christen macht zu nahen
Dem Fuß von seines Gottes Throne.

„Die heut'ge Nacht erst macht euch würdig,
Das letzte Opfer darzubringen,
Denn sie sah euch das Heidenthum
Besiegen unter kühnem Ringen.

„Ja! diese Nacht sah euch des Glaubens
Bekennernamen kühn erwerben,
Denn die Versuchung war so nah,
Die euch auf ewig konnt' verderben.

„Für diese letzte Nacht, da hatten
Die Heidengötter und die Todten
Die Mächte der Verführung all'
Zum kühnen Kampfe aufgeboten.

„Und wärt ihr heute unterlegen
Vor der Versuchung starkem Heere,
Vielleicht, daß dann in eurem Herzen
Der gute Keim erstorben wäre.

„Umsonst wär' dann der Kampf geblieben,
Den manch Jahrhundert euch gebracht,
Es hätt' ins Heidenthum zurück euch
Geschleudert diese letzte Nacht.

„Denn in dem Reich des Geistes giebt es
Oft Augenblicke, da zu fassen
Es gilt Entschließungen, die ewig
Sein Loos den Menschen wählen lassen.

„Doch in dem Augenblick der wichtigen
Entscheidung wollte euch die Gnade
Verlassen nicht, sie wollt' euch leiten
Auf dem verhängnißvollen Pfade.

„Das Wort, den Talisman des Glaubens,
Der jeden höll'schen Zauber bricht,
Dieß Wort, das nur der Glaube kennt,
Euch offenbart's ein göttlich Licht.

„So leicht es schien, dieß Wort zu sprechen,
So war's doch schwer dem sünd'gen Wesen,
Nie war's in frühern Geisternächten
Euch gegenwärtig noch gewesen.

„Doch dießmal hat sich eure Zunge
Vom höll'schen Zauberbann entkettet
Und durch des Wortes Wundergabe
Auf ewig wurdet ihr gerettet.

„So ist für euch das Heidenthum
Mit seinem sünd'gen Thun vorbei,
Und als erlöste Kinder Gottes
Erscheint ihr heute endlich frei.

„O freut euch dieser edlen Freiheit!
Frohlocke himmlisch euer Herz!
Denn euer ganzes Thun und Denken
Kann jetzt sich lenken himmelwärts.

„Jetzt seid ihr werth des letzten Sieges,
Der euch erlöst von ird'scher Noth,
Und zu dem langersehnten Himmel
Euch führet durch den Märtyrtod.

„Die Märtyrkrone, seht sie glänzen,
Wie Edelsteine licht und klar,
Der ird'schen Kön'ge Diademe
Sie überstrahlt sie wunderbar.

„Die Märtyrkrone ist das Höchste,
Was je dem Sterblichen erreichbar,
Sie führt den Staubessohn zu Gott
Zu Himmelsfreuden unvergleichbar."

So sprach der Greis und dann verschwand er,
Ein Wolkenschleier ihn umfloß,
Und still und ernst die Mädchen kehrten
Zurück zum königlichen Schloß.

XIII.

Den Worten, die der Greis den Mädchen
Gewidmet, eh' er sie verlassen,
Hat Hassan eifrig zugehört,
Doch kaum kann ihren Sinn er fassen.

Nur eins ist klar ihm, daß Befried'gung
In diesen Worten ist zu finden,
Daß einen Glauben, der dem seinen
Weit überlegen, sie verkünden;

Den Glauben, der im Vorgefühle
Ihn in der Geisternacht umschwebte,
Der, eh' er noch ihn kannt', ja ahnte,
Mit sel'gen Schauern ihn durchbebte.

Der Freude, die in jener Nacht
In seiner Brust er fühlt' erwachen,
Muß die Erkenntniß auf dem Fuß
Nachfolgen, um ihn fest zu machen.

Denn die geheimnißvolle Freude
Des Geistes, die oft der Bekehrung
Vorausgeht, ist noch selbst nicht mächtig,
Sie wird es erst durch die Belehrung.

Jedoch, woher sollt' die Erleuchtung
Ihm kommen, die er wünscht so sehr?
Im ganzen Lande gab es außer
Den Mädchen keinen Christen mehr.

In Tlemsen fand er Niemand als
Die Frauen und die Königin,
Sie waren nur allein im Stande,
Im Glauben zu belehren ihn.

Wie aber soll sich Hassan nähern
Der Königin und ihrer Schaar,
Er, der in strafbar schnöder Absicht
Bisher ihr nachgeschlichen war?

Wird sie ihn nicht zurückestoßen,
Der ihren Feinden scheint verbündet?
Wird sie ihm Zeit nur lassen, daß
Ihr seine Absicht er verkündet?

So denket Hassan lange nach,
Doch will der Muth nicht von ihm weichen,
Und er entschließt sich endlich doch,
Auf's Neu der Fürstin nachzuschleichen.

Vielleicht, daß sie Gehör ihm schenkt,
Daß sie ihn länger nicht vermeidet,
Wenn sie erfährt, daß jetzt sein Sinn
Vom frühern ganz sich unterscheidet.

So dacht' er, nahm den Muth zusammen,
An dem's ihm heute fast gebrach,
Und nach wie vor auf allen Wegen
Der Kön'gin schlich er wieder nach.

Jedoch, statt jenes stolzen Wesens,
Das früher er zur Schau getragen,
Wie ist er jetzt voll Demuth, wie
Verschieden von den alten Tagen.

Er trägt nicht kühn das Haupt empor,
Sein Gang ist triumphirend nicht,
Und seinem Antlitz fehlet gänzlich
Des Auges sinnlich leuchtend Licht.

Die Locke, die in künstlich reichem
Geringel seinen Hals umschlang,
Sie hängt nun auf den Rücken nieder,
Beraubt der Pflege, schlicht und lang.

Statt, daß er prächtig sonst sich schmückte,
Zeigt seine Tracht nur Einfachheit.
All' die Gewande sind geändert,
Zerrissen ist das bunte Kleid.

Ihn schmücken nicht mehr ros'ge Schuhe,
Besät von weißer Perlen Heer,
Auf seinem Haupte schaukelt sich
Kein goldgestickter Turban mehr.

Ihn deckt ein dunkeles Gewand,
Ein dunkler Hark umhüllt sein Haupt,
So scheint er einfach und natürlich.
Der Zierde jeder Kunst beraubt

In solchem Kleid, das häßlich mancher
Sohn der Gewöhnlichkeit wohl nennet,
Erscheint er edler doch und schöner
Dem, der die wahre Anmuth kennet.

Die wahre Anmuth, deren Reize
Nicht in dem äußern Schmucke liegen,
Die in des Geistes Zauber ruhen,
Wie er sich spiegelt in den Zügen.

Die ausdrucksvolle Kraft der Züge
Von Tag zu Tage sich vermehrt,
Gestaltet edler sich und schöner,
Bis sie sein Antlitz ganz verklärt.

So sieht Kalagatha den Jüngling,
Den sie auf ihren Pfaden findet,
Und in dem Augenblick erkennt sie,
Welch' höhrer Geist ihn nun entzündet.

Und was sie stets vermied, zu sprechen
Mit dem, den ihre Feinde sandten,
Dazu nun thut den ersten Schritt sie,
Sie redet an den Unbekannten.

Er öffnet ihr sein Herz und flehet
Sie an um göttliche Belehrung,
Und sie verweigert ihm den Trost nicht,
Befördert seines Geists Belehrung.

Voll Lust saugt seine Seele ein
Die Lehren, die er nun gefunden,
Denn wunderbar war vorbereitet
Sein Herz durch das, was er empfunden.

Und wie im Glauben er erstarkt,
Deß Kräfte sein Gemüth bewegen,
Da sehnt sich bald sein Herz danach,
Ein heil'ges Zeugniß abzulegen.

Was sonst er glaubte, will verläugnen
Er nun und offen Lüge nennen,
Und vor des Irrthums Priestern will er
Den neuen Glauben froh bekennen.

Drum eilt er fort, zu suchen Jene,
Die zu dem schnöden Werk ihn sandten,
Die Muselmänner, welche einst
Ihn ihren Freund und Bruder nannten.

XVI.

Die Muselmänner mochten zwar
Inzwischen sich um Brahim grämen,
Doch, wie gesagt, sie hofften viel
Von Hassans schnödem Unternehmen.

Drum freuten sie sich nun nicht wenig,
Als sie ihn heute wiedersahen,
Daß endlich ihnen er verkünde
Die Dinge, die durch ihn geschahen.

Jedoch, wie sehr sind sie entrüstet,
Als Hassan nun mit kühnem Schritt
Gleich einem Engel, der die Sünder
Bestraft, in ihre Mitte tritt.

Und als er seinen Mund nun öffnet,
Um ein Geständniß abzulegen,
Das ihrem sünd'gen Thun und Treiben
Und ihrem Glauben gleich entgegen.

Auf's Höchste doch steigt ihre Wuth,
Als sie aus seinem Mund nun hören,
Daß ein Betrüger ihr Prophet sei,
Daß Lügen alle seine Lehren.

Wie wenn auf einen Wald von Stämmen,
Die ausgetrocknet, faul und alt,
Ein Feuerfunken fällt, der blitzschnell
Zur Flamm' erfacht den ganzen Wald,

So hat in diesen faulen Seelen
Das Wort, das Hassans Mund verkündet,
Des Zornes und des Hasses Flammen
Zu riesgem Brande schnell entzündet.

Gleich wollen sie in ihrer Wuth
Mit Macht herfallen über ihn,
Um vor den Richterstuhl des Kadi
Als Renegaten ihn zu ziehn.

Denn Todesstrafe trifft den Moslem,
Den sie des Abfalls können zeihen,
D'rum freuen sie sich in der Hoffnung,
Dem sichern Tode ihn zu weihen.

Sie rotten sich zusammen, wollen
In Banden seine Glieder zwingen,
Um erst zum Richter, dann zum Henker
Den neuen Christen hinzubringen.

Schon legen Hand an Hassan sie,
Wie sehr sich dieser auch empört,
Schon wird von ihrer wilden Rotte
Umzingelt er, die Tod ihm schwört.

Doch in dem Augenblick der Noth,
Da ihm am Aergsten droht Gefahr,
Da wird zum Schreck der Muselmänner
Ein Wunder ihnen offenbar.

Denn plötzlich sinken alle Hände,
Die Stricke reißen, die umwanden
Den Arm ihm, und der neue Christ
Geht frei hervor aus ihren Banden.

So ward gerettet Hassan, ob auch
Das Schwert schon drohte seinem Scheitel,
Mit Blindheit ward der Feind geschlagen,
Und seine Kraft erwies sich eitel

XV.

Die Muselmänner ließen sich
Jedoch durch ihre Niederlage
Abhalten nicht von der Verfolgung
Und von der richterlichen Klage.

Zum Kadi gehn sie und da dieser
Vernimmt die schreckliche Beschwerde,
Bestimmt er nach des Korans Satzung,
Daß Hassan hingerichtet werde.

D'rum eilen sie ihn aufzuspüren
In allen Winkeln und Verstecken,
Doch können sie ihn nirgends finden,
Noch seinen Aufenthalt entdecken.

Denn Hassan, da er sich gerettet,
War zu der Königin gekommen,
Und diese, um ihn zu beschützen,
Hat in das Schloß ihn aufgenommen.

Ja, da jetzt rein war seine Absicht,
So daß er nicht mehr an's Verführen
Der Frauen dacht', so öffnet ihm
Kalagatha des Harems Thüren.

So fand das Unerhörte statt,
Was noch kein Muselmann erlebte,
Daß in dem Fraungemach ein Jüngling
Sich barg und Böses nicht erstrebte.

Dort lebt er nun der Welt entflohen,
Die ihm das Leben wollte rauben,
Und in Kalagatha's Gemeinschaft
Stets wuchs und stärkte sich sein Glauben.

In seiner Brust nun schwiegen alle
Gemeinen ird'schen Sinnestriebe
Und an die Mädchen band ihn jetzt
Nur keusche brüderliche Liebe.

Und wie sein Glaubenseifer zunahm,
Da wuchs in ihm auch das Verlangen,
Die Weihe, die zum Christ ihn mache,
Die heil'ge Taufe, zu empfangen.

Er kündet sein Begehr den Frauen,
Und diese gleich zur Kirche schreiten,
Und dort, ob auch der Priester fehlt,
Die heil'ge Handlung vorbereiten.

Da kniet er vor dem Hochaltare,
An dem er betend Gott sich weiht,
Und strahlend decket seine Glieder
Der Neophyten weißes Kleid.

So gleicht er einem Engel, der
Zur Erde stieg der Menschen wegen,
Um von der Herrlichkeit des Himmels
Hienieden Zeugniß abzulegen.

Die Mädchen stimmen einen Chor an,
Der süß und himmlisch aufwärts wallet,
Es scheint, als ob von allen Wänden
Des Kirchleins Antwort wiederschallet.

Der Gottesdienst so vorwärts schreitet,
Obgleich noch fehlt der heil'ge Mann,
Bis zu der frommen Handlung, welche
Der Priester nur vollziehen kann.

Doch sieh! in diesem Augenblick
Erscheinet plötzlich licht und weiß,
Von Wolkenschleiern, die ihn tragen,
Herzugeführt, der Wundergreis.

Den Jüngling segnet er, den heute
Im weißen Kleid er vor sich sieht,
Besprenget mit geweihtem Wasser
Den Täufling, welcher vor ihm kniet.

Es kündet an das heil'ge Naß
Den neuen Geist, der ihn umschwebt;
Und neugeboren fühlt sich Hassan,
Von einem neuen Sinn belebt.

Sein ganzes früh'res Leben scheint
Ihm jetzt nur eitel und vermessen,
Ein neuer Mensch ist er geworden,
Und alles Alte ist vergessen.

Und da er ganz nun war verwandelt,
Gewidme [ei]nem andern Leben,
So ward ein neuer Name auch
Dem neuen Christen nun gegeben.

Der Name jenes großen Christen,
Der die Numiden einst bekehrt',
Der afrikan'schen Kirche Vater,
Den alle Welt als Heil'gen ehrt.

Es lebt nicht mehr der früh're Hassan;
Auf's Neu geboren durch die Gnade,
Als Augustinus geht hervor
Er aus der Taufe heil'gem Bade.

Vollendet sind die frommen Bräuche,
Die heil'ge Handlung abgethan,
Und schnell verschwindet auch der Priester,
Gen Himmel lenkend seine Bahn.

Der neue Christ bleibt mit den Mädchen
Allein im Kirchlein, er vollendet
Noch ein Gebet und dann mit ihnen
Er wieder zum Palast sich wendet.

Dort ziehen sie sich still zurück
Nun in des Harems weiten Saal,
Die heil'ge Agape zu feiern,
Der ersten Christen Liebesmahl.

Ein Mahl, wie's einst zu feiern pflegte
Der ersten Christen kleine Zahl,
Ein Mahl ohn' Prunk und ohne Aufwand,
Ein einfach nüchtern Friedensmahl.

Da kreist kein goldener Pokal,
Berauschenden Getränkes voll,
Da wird dem Momus und dem Bacchus
Verweigert des Tributes Zoll.

Da wird von üpp'gen Speisen nicht
Bedeckt der Tafel weiter Raum,
Und keine süßen Weine sprudeln
Bis zu der Becher höchstem Saum.

Die Wälder und die Meere haben
Zu diesem Mahle Nichts gegeben,
Geraubt um seiner Gäste willen
Ward keines Thiers unschuldig Leben.

Reiz' nur die einfachsten der Gaben,
Die die Natur dem Menschen bieth,
Des Pflanzenreiches leichte Früchte,
Ernähren und erquicken sie.

In Unschuld wird das Brot gebrochen,
Mit einem heil'gen Friedensgruße
In Liebe wird es hingenommen,
In seligen Gefühl's Ergusse.

Dieß Mahl, so einfach es erscheint,
Genießen sie doch wunderbar,
Denn Mäßigkeit macht leicht ihr Herz,
Und ihre Seele hell und klar.

O Mäßigkeit! du kannst dem Menschen
Die reinsten Freuden oft gewähren,
Du kannst ihn leiblichen Genuß
Mit geistigem zu paaren lehren.

Die wahrsten irdischen Genüsse
Verleihst dem Menschen du allein,
Ohn' dich ist jede Freude eitel,
Ohn' dich ist jede Lust nur Schein.

Denn wenn der Leib den Geist nicht hindert,
Der Trägheit Fesseln ihn nicht binden,
Kann frei der Geist den Aufschwung nehmen
Und alles Himmlische ergründen.

So fühlt auch heut' ihr Geist sich frei,
Erhaben über Erdenleiden,
Er fühlt sich wie in höh'ren Sphären,
Genießet reine Himmelsfreuden.

So wird, von niedern Trieben fern,
Ohn' jedes irdische Verlangen
Von Augustinus und den Mädchen
Die heil'ge Agape begangen.

Es schweiget jede sünd'ge Regung
Im Busen dieser Festgenossen
Und Gottes heil'ger Geist hat sich
Ob seinen Gästen ausgegossen.

XVI.

Es brennen licht wie Sonnenstrahlen
Wohl hundert Kerzen in den Sälen,
Die in des Königs stolzer Hofburg
Des Harems Räume in sich zählen.

Der Glanz des Festes, das die Mädchen
In holder Eintracht heut' begehen,
Läßt weit sich über Hain und Garten
Bis zum Gemach des Königs sehen.

Denn also waren unbefangen
Kalagatha und ihre Frauen,
Daß sie ihr Fest nicht bergen wollten,
Denn Unschuld lehrte sie vertrauen.

Jedoch den Muselmännern sind
Argwohn und Mißtrau'n angestammt;
Die That, die nur der Schein verklagt,
Obgleich nicht schuldig, wird verdammt.

Der König sieht den Glanz der Lichter,
Die ihre Funken allwärts streuen,
Und seiner Brust entsteigt der Wunsch,
Am Feste selbst sich zu erfreuen.

So eilt er nach dem Frau'ngemach,
Das mitten im Palast erbaut,
Begleitet nur von den Eunuchen,
Die mit des Harems Dienst vertraut.

Schon dringt er ein; doch wie versteinert,
Bleibt an der Schwell' er plötzlich stehen,
Denn etwas Unerhörtes müssen
Im Harem seine Blicke sehen.

In diesem Raum, der sonst den Schritten
Der Frauen nur gewidmet war,
Da, mitten in der Mädchen Kranze,
Wird eines Jünglings er gewahr!

Und dieser fliehet nicht von dannen,
Da er des Harems Herrn gewahrt,
Er eilet nicht, sich zu verstecken,
Wie's schuld'ger Eindringlinge Art.

Nein! unbefangen, ruhig bleibt
Er sitzen auf des Harems Kissen,
Der Dinge, die da kommen, wartend
Mit völlig friedlichem Gewissen.

Wie dieß er sieht, will alle Schranken
Des Königs Staunen überschreiten;
Was soll er von dem Jüngling denken?
Wie soll er solche Kühnheit deuten?

Natürlich denkt ein Orientale
Auch keinen Augenblick daran,
Daß in dem Frau'ngemach ein Jüngling
In Unschuld sich befinden kann.

Daß Mann und Frau ein keusches Band
Der brüderlichen Lieb' kann einen;
Daß Freundschaft beide kann verbinden,
Des Islams Jünger stets verneinen.

Denn für ein geistig Wesen nicht,
Erhaben ob der Lust Gewalten,
Nein! für ein Werkzeug nur der Wollust
Das Weib die Islamiten halten.

So dacht' der König auch nichts Andres,
Wie er vom Staunen sich erholte,
Als daß der Jüngling seine Ehre
Und häuslich Glück ihm rauben wollte:

Daß in der Absicht zu verführen
In's Harem er sich eingeschlichen,
Und daß der Frauen eitle Herzen
Der Ueberredung schnell gewichen.

Das also war der Freiheit Folge,
Die seiner Gattin er gegeben?
Das war die Strafe, daß vereinte
Mit einer Christin er sein Leben?

So schnöd und schändlich also hat
Getäuscht sein übergroß Vertrauen
Die Christin, die er besser hielt,
Als alle seine frühern Frauen?

Denn, daß der Jüngling ihretwegen
Allein hierher gekommen war,
Da keine ihr an Schönheit gleichkam,
Das schien dem König völlig klar.

Des Jünglings sicheres Benehmen,
Das ruhigen Gewissens Lohn,
Das schrieb er nur der Frechheit zu
Und sah darin nur Spott und Hohn.

Gleichwie der wilde Leu im Atlas,
Wenn ihn ein Jäger unverzagt
Angreift, am Anfang stutzt, als staun' er,
Weil ihm ein Mensch zu trotzen wagt;

Doch kaum vorbei das erste Stocken,
Voll Zorn des Raubthiers Augen glühn,
Und seine ganze Wuth bricht aus,
Zerreißend fällt er über ihn:

So auch Sir Ismael, — er meistert
Das Staunen, das ihn erst befällt,
Und wild bricht aus sein Zorn dann gegen
Den Jüngling, den er schuldig hält.

Auf sein Geheiß erfassen Hassan
Des Harems Wächter, werfen nieder
Zu Boden ihn und fesseln dann
Mit eh'rnen Ketten seine Glieder.

Ein beff'res Loos trifft nicht die Frauen,
Denn Ismaels Befehle sagen,
Daß eine Schaar von Häschern nahe,
Um sie in Bande auch zu schlagen.

Es naht der Häscher wilde Rotte,
Bewehrt mit Ketten und mit Stricken,
Mit nackten Armen muskelstrotzend,
Mit rohen Zügen, thier'schen Blicken.

Die Mädchen stäuben auseinander,
Sich solcher Rohheit zu entziehen,
Gleich einer Schaar von zarten Rehen,
Die vor der Mörder Pfeilen fliehen.

Die Frauen flieh'n bald da, bald dorthin,
Mit Haaren wirr, mit Blicken stier,
Ein wildes Chaos herrscht im Harem,
Zerwühlt ist seine üpp'ge Zier.

Gleich Furien sie die Henkersknechte
Verfolgen, lechzend wie nach Blut,
Der ungewohnte Widerstand
Erfüllt ihr roh Gemüth mit Wuth.

Doch endlich muß der Mädchen Schaar
Ungleichem Kampfe unterliegen;
Die Häscher nun die schönen Leiber
In grausam enge Fesseln fügen.

Im tiefsten Kerker des Palastes
Da lag ein altes Burgverließ,
Vom Lichte ewig ausgeschlossen,
Deß' Wand an feuchte Felsen stieß.

Dort herrschte ewig Nacht und Grauen,
Macht' jeden Sterblichen erbeben,
Der Uhu nur und Nachtgeschöpfe
Dort fristeten ihr traurig Leben.

In diesen Kerker ließ der König
Die werfen, die er heiß geliebt,
Die noch er liebt, obgleich er wähnt,
Daß ihre Reinheit sie getrübt.

Kalagatha, die schönst' und beste,
Die je die Erde hat getragen,
Sie ward von ihrem eignen Gatten
Verdammt zu solchen Kerkers Plagen.

Für die kein Schloß zu schön ihm däuchte,
Die er auf Rosen wollte betten,
Sie ließ in seinem Wahn er werfen
In solchen Kerker unter Ketten.

Die Mädchen, die er gleich wie sie
Verdammte, weiht er gleicher Noth,
Auch sie warf in das Burgverließ
Des Königs grausam Machtgebot.

Den neuen Christen Augustinus
Jedoch bestimmt er eigner Pein:
In einen Brunnen, der vertrocknet
War, läßt er werfen ihn hinein.

In solchem schrecklichen Gefängniß
Des Urtheils harr'n die Armen sollen,
Das die fanat'schen Muselmänner
Nun über sie verhängen wollen.

14*

XVII.

Der Mufti und die Seinen kaum
Vor Freude ihren Ohren trauten,
Als sie der Fürstin Fall vernahmen
Und ihres Königs Zorn erschauten.

Die Muselmänner waren zwar
Nicht alle herzlos, und mit Grauen
Erfüllt es ein'ge, daß so hart
Bestraft man habe schöne Frauen;

Jedoch die Diener ihres Glaubens
Bestanden auf der Grausamkeit,
Weil Christinnen die Mädchen waren,
D'rum wurden sie dem Tod geweiht.

Den Kadi und den Mufti rief man
Zum Rath des Königs schnell herbei,
Und Beide fanden, daß der Tod
Noch allzu linde Strafe sei.

„Der Tod," so sprach der fromme Kadi,
„Ist eines Augenblickes That,
Doch größ're Qualen können geben
Raubthiere, Folter, Brand und Rad.

„D'rum ist es meine Meinung, daß
Die Frauen man so lange quäle,
Bis nach Erprobung aller Martern
Zuletzt sie hauchen aus die Seele."

Der Mufti gab dem Kadi Recht,
Indeß sein kluger Rath empfahl,
Daß Glaubenszwang man noch verbinde
Mit kunstvoll ausgedachter Qual.

„Die Frauen," also sprach er, „sind
Dem Christenglauben zugethan,
Welch' ein Triumph nun wär's, zu machen,
Daß sie entsagten ihrem Wahn!

„Die Martern, die mein werther Freund,
Der Kadi, uns hat vorgeschlagen,
Sie können uns als Mittel dienen,
Sie zu bekehren unter Plagen.

„D'rum stimm' ich dafür, daß nach jeder
Der Martern und der Foltern, die
Den Frau'n man auferlegt, man frage,
Ob ihrem Gott entsagen sie.

„Bestimmt die Folter sie dazu,
Des Islams Glauben sich zu weihen,
Dann sind wir dennoch nicht gezwungen,
Vom Tod die Mädchen zu befreien.

„Der König mag sie überliefern
Der wohlverdienten letzten Noth,
Denn schuldig sind sie außerdem,
Und wenig schaden kann ihr Tod.

„So können zwei der frommen Zwecke
Erreichen wir: Altar und Thron
Sind gleich befriedigt, und gerächt
Ist unsre heil'ge Religion."

So sprach der Mufti und die Andern,
Bewundernd die Beredtsamkeit,
Belobten seinen Glaubenseifer
Und priesen seine Frömmigkeit.

Der hohe Rath bestimmte d'rauf,
Daß Hassan, der bezeugt vor Allen,
Daß er ein Christ geworden war,
Der gleichen Strafe sollt' verfallen.

Und da der Mufti solchen Eifer
Für seinen Glauben dargethan,
Vertraut der König ihm die Leitung
Der Martern und der Foltern an.

So ward der Richtplatz nun bereitet,
Auf dem die Mädchen sollten sterben,
Wo sie die Märtyrkrone sollten
Sich unter bittrer Pein erwerben.

XVIII.

Die Sonn' umhüllten Nebelschleier,
Der Tag brach an mit düsterm Schein,
An dem die Mädchen nach dem Richtplatz
Man führt' zu ihrer letzten Pein.

Gleich einem Circus war der Richtplatz
Mit Prachtarcaden rings umbaut,
Wie einst sie sah das alte Rom,
Mit blut'gen Schauspielen vertraut.

Auf einer stolzen Brüstung sieht
Des Königs Thron man sich erheben,
Dort ruht er, von den Großen und
Den Priestern der Moschee umgeben.

Inmitten in des Circus weitem
Gefilde steht die holde Schaar,
Die Frauen blendend weiß gekleidet,
Mit langem, aufgelöstem Haar.

Kalagatha erscheint auch heute
Voll Schönheit, mit verklärten Zügen,
Gleich einem Engel, der zur Erde
Aus Liebe nieder war gestiegen.

Der Jüngling, den zum Glauben führte
Gott auf geheimnißvollen Wegen,
In Mitt' der holden Mädchen stehend,
Sieht freudig auch dem Tod' entgegen.

Auf einen Wink des Mufti, dem
Vom König es gestattet war,
Dem grausen Schauspiel vorzustehen,
Erscheint der Henkersknechte Schaar.

Mit glüh'nden Zangen, Nägeln, Schrauben,
Mit Klammern, Scheeren, spitzen Eisen
Beginnen sie das grause Werk,
Der Mädchen Glieder zu zerreißen.

Die Schauenden, die dicht wie Wellen
Des Meeres wogten, glaubten schon
Ein blutig Schauspiel nun zu sehen,
Grausamer Neugier schnöder Lohn.

Doch sieh'! sie täuschten sich, denn alle
Werkzeuge lähmte wunderbar
Geheimnißvolle Macht, sie glitten
Ab von dem Leib der Mädchenschaar.

Wie Marmor schienen ihre Leiber,
Gleich Statuen im Götterfaal,
Sie sengte nicht das glüh'nde Eisen,
Verletzte nicht der scharfe Stahl.

Ein Wuthausbruch der ganzen Menge
Erfolgt, als dieses Wunder sehen
Die Muselmänner, das ein Gott
Vollführte, den sie nicht verstehen.

Von Flüchen, die ihr Mund ausspricht,
Hallt wider des Theaters Weite,
Der laute Ruf des Volkes fodert,
Daß man zu neuen Martern schreite.

Und sieh'! von Neuem winkt der Priester,
Da öffnet sich ein eh'rnes Thor,
Ein Leu, der mächt'ge König aller
Raubthiere, dringt daraus hervor.

Sein Haupt hebt stolz sich in die Höhe,
Gleich Kohlen seine Augen glühn,
Es sträubt sich seine gelbe Mähne,
Sein Nacken reckt sich wild und kühn.

Dem Volk erscheint der Löwe wüthend,
Ein blutig Schauspiel ihm verheißend,
Denn lang entbehrte er der Nahrung
Und Hunger macht ihn doppelt reißend.

Mit wen'gen, kräft'gen Sätzen springt
Er mitten in des Circus Rund;
Schon will die Tatzen er erheben,
Schon öffnet sich der weite Schlund,

Da stehn die Mädchen licht und weiß,
Unschuldig ohne Wehr und Waffen
Dem Raubthier ausgesetzt, das dürstet,
Ihr zartes Leben hinzuraffen.

Die Menge jubelt abermals,
Wie sie erblickt des Leu'n Gebiß,
Das fürchterlich sich öffnet nun,
Ihr scheint der Mädchen Tod gewiß.

Doch täuschte sie sich abermals:
Der Leu verfolgt die Mädchen nicht;
Nein! starr blickt er sie an, als frag' er,
Welch höh'rer Geist aus ihnen spricht.

Ein zartes Feuer strahlt ihr Blick aus,
Von göttlichem Gefühl erfacht,
Und selbst der wilde Leu empfindet
Des Friedens wunderbare Macht.

Er wird von eines höhern Wesens
Geheimnißvoller Kraft bezwungen,
Sein Rachen schließt sich, es verstummt
Der Schrei, den ihm der Zorn entrungen.

Und plötzlich, einem Lamme gleich,
Er schmiegt sich an die Königin,
Und legt sich vor der Mädchen Füße
Still wie ein Bild des Friedens hin.

So sahn die alten Römer oft
Vor heil'gen Märtyrern sich beugen
Die wilden Thiere, und gar Manchen
Bekehrt der Sieg des Gotteszeugen.

Doch ein verstocktes Volk war heute
Der Zeuge dieser Wunderthat;
Ein fremdes Element nur schwer
Auf Muselmänner Einfluß hat.

Das Wunder, das sie sahen, ihre
Ungläub'ge Seele nicht bezwingt,
Sie nennen's höllisch und verlangen,
Daß andre Thiere her man bringt.

Ein neuer Wink! da dringen Tiger
Aus unterirdischen Verließen,
Es speien aus viel dunkle Kammern
Raubthiere, die sie in sich schließen.

Ein wahres Pandämonium
Erfüllt des Circus weites Haus,
Die Panther, Leoparden, Löwen
Vermengen sich in wildem Graus.

Und zwischen diesen mächt'gen Thieren,
Mit off'nem Schlunde, mit der langen
Vergiftung droh'nden Zunge zischen
Und winden sich viel mächt'ge Schlangen.

Ein wahnsinnig Geschrei und Heulen
Erhebt der Thiere wilde Heerde,
Nach Blut sie lechzen, selten noch
Sah so viel Gräu'l vereint die Erde.

Das rohe Volk bricht aus in Jubel,
Wie es erblickt die Thiere wild,
Es hofft, daß ungehindert endlich
Die blut'ge Neugier werd' gestillt.

Doch sollte ihrer schnöden Neugier
Enttäuschung drohn auch dieses Mal,
Denn trotz der wilden Thiere Wuth
Blieb unverletzt der Mädchen Zahl.

Es ist, als seien unsichtbar
Sie für der mächt'gen Feinde Blicke;
Da fallen sich die Thier' einander
Voll Wuth an, reißen sich in Stücke.

Ein Panther kämpft mit einem Tiger,
Ihr Röcheln grausen Tod verkündet;
Die Riesenschlang' des Löwen Leib
Zermalmend mit Gewalt umwindet.

Ein jedes Thier sucht einen Gegner,
Spricht scharfen Zahns dem Feinde Hohn,
Und während selbst den Tod es giebt,
Empfängt es gleichen blut'gen Lohn.

Bald ist das Schlachtfeld nur bedeckt
Mit blut'gen Leibern, deren Glieder
Schon ausgezuckt; die Mädchen blicken
Auf ihre Rettung fromm hernieder.

Und wie das Volk nun sieht, daß sie
Unangetastet gehn hervor
Aus jenem wirren Chaos, da
Bricht aus in neue Wuth sein Chor.

Doch dießmal klang der Menge Ruf
Einstimmig nicht wie sonst und offen,
Manch Herz ist von der Wundermacht,
Die jene Frau'n beschützt, getroffen.

Manch frommes Mädchen fühlt sich plötzlich
Von einem höh'ren Geist durchdrungen,
Manch edler Mann erkennt, daß endlich
Die ew'ge Lieb' sein Herz bezwungen.

So sondert seine Auserwählten
Der wahre Gott ab, legt den Kern
Zum Glauben in den Busen, daß er
Von nun an sei des Lebens Stern.

Und plötzlich trennet von der Menge
Sich ab der Guten kleine Schaar,
Und laut bekennt ihr Mund, der Glaube
Der Christen sei alleinig wahr.

„Ich bin ein Christ!" so spricht ein Jeder,
Nicht Furcht kann ihre Zunge lähmen,
Und Grauen faßt die Muselmänner,
Wie solch Geständniß sie vernehmen.

Der Fürst selbst schwanket zwischen zwei
Gefühlen rathlos her und hin;
Bald möcht' in Thränen er zerfließen,
Bald wieder siegt der starre Sinn.

Jedoch des Islams strenge Priester,
Befürchtend, daß sein Sinn sich wende,
Verlangen, daß der Mädchen Marter
Man führe schnell zum blut'gen Ende.

Und um die unerhörte Schuld
Der Neubekehrten, die gestanden,
Daß Christen sie geworden, gleich
Zu sühnen schlug man sie in Banden.

Damit ihr Beispiel Andre nicht
Anstecke, ward sofort beschlossen,
Daß mit den Mädchen man sie tödte
Als gleicher Religion Genossen.

So wurden sie aus Schauern Opfer,
Geweiht dem frommen Märtyrtod,
Es eint' sie mit den heil'gen Mädchen
Die Qual, die Beide gleich bedroht.

Die kleine Schaar der Christen, deren
Standhaften Muth Nichts konnte brechen,
Ward einer neuen Pein geweiht,
Die schnellen Tod schien zu versprechen.

Des Circus weiter Grund war hohl,
Gewölbe trugen stolz sein Haus,
Und unterird'sche Kammern dehnten
Sich unter seinem Boden aus.

In diese Kammern ließ man Wasser
Hinein in dichten Wogen wallen,
Und hundert Pforten spieen dann
Die Wellen in des Circus Hallen.

Gleich einem Teiche eingeschlossen
Von Mauern, die sie rings umdämmten,
Die untere Arena war,
So daß die Wasser hier sich stemmten.

Als nun, auf das Geheiß des Mufti,
Der Wogen letzte Schranke wich,
Und alle Schleußen man erschlossen,
Bald einem See der Circus glich.

Und da die Mauern, die ihn rings
Umdämmten, über Menschenhöh'
Aufragten allerseits, so ward
Der Circus bald ein tiefer See.

In dieses Sees Mitte standen
Die Mädchen, die geweiht den Plagen,
Sie sahn voll Schrecken schon die Wogen
Ob ihrem Haupt zusammenschlagen.

Hoch stieg die Welle und das letzte
Wehmüth'ge Seufzen übertönen
Will schon ihr Brausen, das Geräusch
Vermehrt des Volkes lautes Höhnen.

Allein auch dießmal sollt' der Hohn
Rückfallen auf den schnöden Hauf',
Denn plötzlich taucht, gleich weißen Schwänen,
Die heil'ge Schaar im Wasser auf,

Es lösen die Gewande sich,
Gleich Segeln sie die Schaar umtragen,
Die Schleier werden luft'ge Kähne,
Die auf dem See die Mädchen tragen.

Als nun dieß Wunder sehn die Priester,
Da ordnen Henker sie auf Floßen
Schnell ab, damit die Frauen wieder
Sie in den See zurückestoßen.

Jedoch umsonst! die Keulen, die
Der Mädchen Scheitel treffen, prallen
Gleichwie von Marmor ab und machtlos
Im Grund des See's sie niederfallen.

Umsonst scheint alle Marter, alle
Kunstvoll erdachten Folterplagen,
Die Priester wüthen, doch sie wollen
Dem finstern Werke nicht entsagen.

Was nicht das Wasser konnt' vollenden,
Das kann dem Feuer wohl gelingen,
Das höll'sche Element wird sicher
Verderben Gottes Kindern bringen.

Die Muselmänner lassen durch
Der Schleußen hundertfachen Mund
Abfließen schnell des Seees Wasser,
Bis trocken liegt des Circus Grund.

Und als er völlig wieder trocken
Und alle Wasser sich verlaufen,
Da bringen Holz und Stroh sie her
Und richten auf den Scheiterhaufen.

Stolz thürmt sich auf das Holz, die Henker
Gewaltsam her die Mädchen ziehen,
An jeden Pfahl wird eine Jungfrau
Gekettet, nimmer zu entfliehen.

Und Reiser legt man zwischen Balken,
Vereint zu einem mächt'gen Hauf,
Und Stroh und Pinienzapfen häufen
Sie neben allen Pfählen auf.

Der Mufti giebt des Brandes Zeichen,
Das grausen Feuertod verkündet,
Da leuchtet auf die Flamm' und schnell
Den ganzen Holzstoß sie entzündet.

Im Augenblicke lichterloh
Entbrennt des Scheiterhaufens Gluth,
Die Flamme reckt zum Himmel auf
Die lange Zunge, roth wie Blut.

Ein höllisches Dämonenfest
Verspricht der rohe Pöbel sich,
Schon glaubt er aus der Flamm' zu hören
Die Sterbesseufzer fürchterlich.

Doch höre! was vernimmt er jetzt?
Das ist kein banger Seufzerton,
Ein heil'ger Psalm ist's, der hervor
Aus Flammen dringt zu Gottes Thron,

Ein zarter himmlischer Gesang
Erfüllt die Hörer all' mit Staunen,
Ein süß' Getön von Engelsflöten,
Von heil'gen Harfen und Posaunen.

Und dieses Lied will nicht verstummen,
Obgleich der Scheiterhaufen licht
Stets fortbrennt und den Christen, die
Darinnen, Untergang verspricht.

Doch sieh'! Jetzt hat er ausgebrannt,
In Staub hat sich das Holz verkehrt,
Und mitten in der Asche stehen
Die heil'gen Mädchen unversehrt.

Das Feuer konnte sie nicht tödten,
Wie sie das Wasser nicht ertränkte,
Aus jeder tödtlichen Gefahr
Sie rettend Gottes Finger lenkte.

Jedoch im Rathe Gottes war es
Vorausbestimmt, daß heute sterben
Die Mädchen sollten und die Krone
Des Märtyrthumes sich erwerben.

D'rum sollt' die letzte Stund', in welcher
Ihr Feind jetzt neue Pein erdacht,
Zum Märtyrtod die Mädchen führen
Durch Gottes wunderbare Macht.

„Am Kreuzesstamm," so sprach der Mufti,
„Läßt ihres Glaubens Stifter sterben
Der Christen Lehr'; laßt uns versuchen,
Ob nicht im Kreuz sei ihr Verderben.

„Wenn alle andern Todesarten
Ein schnöder Zauber auch vernichtet,
Ihr Herr vermochte selbst Nichts gegen
Das Kreuz, an dem er ward gerichtet;

„D'rum werden auch die Jünger nichts
Vermögen gegen solche Qual;
Man richte schnell die Kreuze auf
Und schlage d'ran der Mädchen Zahl!"

Gesagt, gethan; die Muselmänner
Geschäftig an die Arbeit gehen,
Und bald gleicht einem Wald der Circus,
In dem statt Bäumen Kreuze stehen.

Der König sieht den grausen Wald
Der Kreuze ragen himmelwärts,
Da plötzlich überkommt ihn Grauen
Und Reue überschleicht sein Herz.

Er denkt der Theuren, denkt des Wortes,
Das er dem Wundergreis gegeben,
Da faßt ihn Schreck und sein Gewissen
Will unter schwerer Last erbeben.

Verzweifelnd rafft er sich empor,
Denn noch wird der Entschluß ihm schwer,
Doch siegt zuletzt der beß're Geist. —
Da spricht er zu der Priester Heer:

„Laßt jene frei! befehl' ich euch,
Wer ihrem Scheitel krümmt ein Haar,
Den trifft mein Zorn. Man löse auf
Die Bande schnell der Christenschaar!"

Der König sprach's — und ob auch Zorn
Und Grau'n erfaßt die Muselmänner,
So müssen dennoch sie gehorchen,
Befrei'n des wahren Gott's Bekenner.

Jedoch, welch neues Wunder wird
Jetzt plötzlich ihnen offenbar?
Wie sie befrei'n die Christen wollen,
Da sehn entseelt sie ihre Schaar.

Ohn' Todeskampf, ohn' Leid und Qualen
Hat Gottes gnäd'ge Macht erlaubt,
Daß sie die Erde durften meiden,
Daß ihre Seele ward geraubt.

So starb die fromme Märtyrschaar!
Es ruhen friedlich ihre Leichen,
Die noch im Tod' den Engeln Gottes
Mit licht verklärten Zügen gleichen.

XIX.

Des Königs Schmerz war übergroß,
Des Lebens Qual für ihn begann,
Als die Gewißheit von dem Tode
Der Märtyrschaar er nun gewann.

Kalagatha, die Theure, welche
Mit süßen Banden ihn gekettet,
Sie war nicht mehr, die Heißgeliebte,
Die aus der Schwermuth ihn errettet.

Er selbst! wie war er so verblendet?
Wie konnt' der Theuren Feind er werden?
Wie konnt' an ihre Schuld er glauben,
Die doch die Reinste war auf Erden?

So fragt er sich und schuldig spricht
Ihn sein Gewissen unter Qualen;
Für ihren Tod, den er befohlen,
Die Sühne kann er nimmer zahlen.

Es lastet doppelt jetzt die Schwermuth
Auf seinem Geiste, seinem Herzen,
Er fühlt die Einsamkeit, ihn quälen
Des schuldigen Gewissens Schmerzen.

Ein Chaos schrecklicher Gedanken
Taucht auf in seinem trüben Hirn,
Dämonische Gefühle legen
In düstre Falten seine Stirn.

Ein wilder Rachegeist ist plötzlich
In seine Seele eingefahren,
Und Jene will er blutig strafen,
Die seines Weibes Feinde waren.

D'rum läßt er schnell von seinen Häschern
Den Mufti und die Priester fangen,
Und ohne Weitres an die Kreuze,
Die noch im Circus stehen, hangen.

So endet die fanat'sche Wuth
Der gottverfluchten Mörderschaar,
So traf sie die gerechte Strafe,
Die ihnen längst verdienet war.

Nach dieser grausen Hekatombe
Befiehlt er, daß mit Pomp begraben
Die Mätchen würden, daß ein Denkmal,
Wie's nie man sah, sie sollten haben.

Auf jener öden, stillen Haide,
Die noch am Meer der Wandrer schaut,
Auf einer Wüste voller Dornen,
Da ward der Christin Grab erbaut.

Da wuchs es wie ein Zauberschloß,
Erbaut in einer Geisternacht,
Denn frohnden ließ sein ganzes Volk
Zu solchem Bau des Königs Macht.

Denn also wollt' sein Volk er strafen
Für jenen rohen Jubel, für
Die schnöde Freude, die im Circus
Es zeigt' ohn' Herz und ohn' Gebühr.

Bald stand es da, ein riesig Schloß,
Ein mächtiger Gigantenbau,
Gleich einem Berge ragt es auf
Aus einer Wüste fahl und grau.

Dem Grabmal naht der Trauerzug;
Auf Bahren von Olivenzweigen
Des Volkes Schaaren tragen reuig
Hinein der Mädchen schöne Leichen.

Im Erdgeschoß der Pyramide
Da ist der Mädchen Grabesstätte,
Jedoch in ihrem höchsten Gipfel
Der Fürstin ew'ges Ruhebette.

Und als man hat die letzte Leiche
Getragen in das Grabmal ein,
Befiehlt der König, daß man lasse
Im Grab der Christin ihn allein.

Da steht er ob der Theuren Leiche,
Die er im Leben heiß geliebet,
Die dennoch er zum Tod verdammte,
Da Eifersucht sein Herz getrübet.

Da liegt sie, seine einz'ge Liebe,
Es fließen seine Thränen nieder:
Sein ganzes Leben war so nichtig
Eh er sie kannt' und ist's nun wieder.

Es ruht sein Blick, getrübt von Zähren,
Auf ihres Körperbaues Pracht,
Er fühlt selbst noch im Tod der Züge
Geheimnißvolle holde Macht,

Und wie er hinblickt unverwandt,
Auf sie, die war sein einzig Leben,
Da plötzlich macht ein schaurig Wunder
Des Königs ganzen Leib erbeben.

Denn plötzlich dünkt ihn, daß die Lippen
Der theuren Frau sich aufgethan,
Daß ihre Arme sich geöffnet,
Und daß sie liebend ihn umfahn.

O Wunder! die Geliebte hebt
Aus ihrem Sarge sich empor,
Aus ihrem Munde dringen Worte
Mit zartem, süßem Ton hervor.

„O mein Geliebter!" also spricht sie
Zum König, „wir sind doch verbunden;
Nicht Deine Schuld und nicht mein Tod
Schlägt unsrer Liebe ew'ge Wunden.

„Die Schuld, die Du bereut, getilgt
Hat Gott sie, wir sind ungeschieden,
Denn ich bin selbst im Tode Dein,
Und kurz nur wandelst Du hienieden."

So sprach die Todte, einen Kuß
Auf ihres Gatten Lippen drückt
Sie noch und sinkt dann wieder nieder
Der ird'schen Wirklichkeit entrückt.

Der König steht gleichwie versteint
Im Grab der Christin, aber bald
Erholt er sich und fühlt, daß wieder
Ein beß'rer Geist sein Herz durchwallt.

Heraus tritt aus dem Grab der Christin
Der Fürst, befiehlt dem Volk, das trauert,
Daß jeder Zugang zu dem Innern
Der Pyramide werd' vermauert.

Denn jetzt sogar kann Eifersucht
Sein armes Herze nicht verlassen,
Und kaum kann sein Gehirn den Glauben
An ihres Todes Wahrheit fassen.

Und auch im Volke geht die Sage,
Daß nie sie starb in Wirklichkeit,
Daß in der Pyramide lebe
Die heil'ge Frau in Ewigkeit.

Dort wohnt sie nach des Volkes Glauben,
Nur heil'gen Handlungen geweiht,
Und selten nur in's irb'sche Leben
Greift ein die gotterwählte Maid.

Allmählig schwand der Haß, den gegen
Die Christin hegt' des Islams Schaar,
Und bald sah man sie als Schutzgeist,
Obgleich sie andern Glaubens war.

Es spann sich aus ein Sagenkreis
Um's Grab der Christin; Zaubermeister
In ihrem Dienst stehn, also heißt es,
Und reiche Schätze hüten Geister.

Von diesem bunten Sagenkreise,
Daß Märchen täglich sich erneuen,
Laßt uns des Schleiers Zipfel heben
Und an den Sagen uns erfreuen.

Doch eh' die Sagen wir erzählen,*)
Die einst der Christin Grab gebar,
Laßt uns des Königs noch gedenken,
Der jener Christin Gatte war.

Sid Jsmael, kaum hat begraben
Die theure Gattin er, so kehret
In Tlemsens Mauern er zurück,
Das ihn als seinen König ehret.

Es schallt Musik, es tönen Hymnen
Zu seinem Preise, überall
Verkündet seines Namens Ruhm
Der Festposaunen Jubelschall.

---

*) Der Verfasser hofft in einem andern Bande sich weiter mit dem Grab der Christin und seinen Sagen zu beschäftigen.

Auf seinem goldnen Throne ruht
Des Königs majestät'sche Macht,
Es spiegeln reiche Diademe
Der Kronjuwelen üpp'ge Pracht.

Was je an Herrlichkeit der Orient
Hervorgebracht, das bietet heute
Sich dar ihm, Werke aller Künste
Vermehren seines Schatzes Beute.

Und was Natur in ihrem Reichthum
Am schönsten schuf, der Blumen Zier,
Der Mädchen tausendfache Reize,
Sie reicht es zum Besitz ihm hier.

Er scheint der glücklichste der Menschen,
Die Hand nur braucht er auszubreiten,
Und alle Freud' und Lust der Erde
Sind sein, kein Mensch kann's ihm bestreiten.

Jedoch beim reichsten Mahl wird wehe
Dem Kranken; und des Königs Herz
War krank zum Tode; aller Jubel
Vermehrt nur seiner Seele Schmerz.

Ihn ekelt an der üpp'ge Pomp,
Ihn widert an die stolze Pracht;
Er steigt von seinem Thron hernieder,
Entsagt der königlichen Macht.

Die Krone schleudert er in's Meer,
Daß ewig sie verloren sei,
Den Scepter, den er lang' geschwungen,
In Stücke bricht er ihn entzwei.

Die Goldgewand' und Purpurmäntel,
Die ihn in seiner Macht bekleidet,
Zerreißt er; dorthin, wo er hingeht,
Aus seiner Pracht ihn nichts begleitet.

Ein härenes Gewand bedeckt ihn;
Gestützt auf einen rauhen Stab,
So steigt er von dem hochgelegnen
Schloß seiner Ahnen nun hinab.

Er meidet jede Stadt, jed' Feld,
Das irdischem Geschlecht gehört,
Er eilt zu Wüst und Wald, in Höhlen
Er wohnt, von Wurzeln er sich nähret.

Gleich einem Busch ihn wildes Haar
Umwallt, sein langer Bart erreicht
Den Leib schon, Klauen sind die Nägel,
Und einem Thiere bald er gleicht.

So lebt er lange in den Wäldern,
Doch nicht kann sein Gemüth genesen,
Schon fängt sein Geist sich an zu trüben,
Kaum weiß er mehr, wer er gewesen.

Und unstät irrt er stets umher,
Er fliehet die bebauten Auen,
In dornenvoller Wildniß weilt er
Und Wüsten nur voll Schreck und Grauen.

Doch einstmals, als in eine Wüste
Sein trüber Geist ihn heißt zu gehen,
Da dünkt ihn, daß schon früher er
Dieselbe Wüste hab' gesehen.

Er siehet sich von grauen Felsen
Umringt, die kahl die Häupter heben,
Und diese Felsen kennt er wieder,
Daß sie schon einmal ihn umgaben.

Da plötzlich schaut er unter sich
Bedeckt mit Sandgeröll, dem grauen,
Ein Zeichen, das bekannt ihm scheint,
In eine Felswand eingehauen.

Dieß Zeichen, ja! er kennt es wieder,
Ein Talisman von seltner Art,
Es ist das Kreuz, das einst die Theure,
Die er beweint, ihm offenbart!

Und wie er anblickt dieses Zeichen,
Da faßt ihn wunderbar Vertrauen,
Und er berührt mit seinen Lippen
Das Kreuz, das in den Fels gehauen.

Kaum hat die Handlung er vollendet,
Da spaltet wieder sich die Erde
Wie vormals, und der Wundergreis
Erscheint mit göttlicher Geberde.

Doch wie erscheint er heute leuchtend!
Gleich einem Engel, der die Strahlen
Des ew'gen Lichtes widerspiegelt,
Die sich auf Gottes Antlitz malen.

Der König kann den Glanz nicht tragen,
Er senkt den Blick zur Erde nieder;
Doch fühlt er bald, daß er erstarkt,
Und endlich hebt sein Haupt er wieder.

Denn brennend und verheerend nicht
Ist jenes Himmelslichtes Schein,
Nein! sanft und süß, es spendet Trost,
Senkt tief den Strahl in's Herz hinein.

Und wie er hinblickt, fühlt der König,
Daß sich sein Herze ganz erneuet,
Daß seine Seel' in Wonne schwimmt,
Am Quell der Wahrheit sich erfreuet.

Es ist geschehn! Der Glaube, den
Die Heißgeliebte einst auf Erden
Bekannt, das fühlet nun der König,
Der Glaub' muß auch der seine werden.

Schnell wird erhört sein frommer Wunsch;
Der Wundergreis ihm bald verleiht,
Wonach er nun allein sich sehnt:
Die Taufe, die zum Christ ihn weiht.

Und dann zum Wundergreis er redet:
„O hehrer Mann! verwehre nicht,
Daß ich vor meinem Tod noch wisse:
Wer ist der Geist, der aus Dir spricht?

„Vor vielen hundert Jahren lebt' ich,"
So sprach der Greis, „Aurelius
Und Augustinus nannte mich
Das Volk von Hippo regius.

„Dort war ich einer kleinen Heerde
Geliebter Hirt; trotz Todesbanden
Bin ich der Schutzgeist jetzt der Kirche
In allen afrikan'schen Landen.

„Und wo in Afrika ein Christ
Hervorgeht aus des Islams Nacht,
Die jetzt sich auf mein Land gelagert,
Da halt' ich treue Gotteswacht.

„Ich bin der Wächter, bis die Nacht
Des Islams endlich wird verschwinden,
Und Afrika wird wieder Gott
Gehören, wieder Jesum finden.

So sprach der Heil'ge und verschwand.
Der König hört's, drauf senkt hinab
Sein Haupt er sterbend; Engel trugen
Die Leiche nach der Christin Grab.

Leipzig, Druck von A. Edelmann.

Berichtigungen.

Seite 31, Zeile 10 lies schönsten statt schönste.
 „ 79, „ 6 „ wild statt mild.
 „ 115, „ 13 „ Flammen statt Flamme.
 „ 122, „ 9 „ Paros statt Caros.
 „ 124, „ 13 „ vorzieht statt vor zieht.
 „ 138, „ × „ Triebe statt Liebe.

www.ingramcontent.com/pod-product-compliance
Lightning Source LLC
Chambersburg PA
CBHW021349230426
43666CB00006B/458